소셜임팩트 창출을 통한
# 더 나은 세상 만들기 3

소셜임팩트 창출을 통한

# 더 나은 세상 만들기 3

초판 1쇄 인쇄일 2019년 12월 17일
초판 1쇄 발행일 2019년 12월 20일

지은이 김용신
펴낸이 김용신
디자인 임흥순
교 정 조준경

**저자**
김용신 대표 | ㈜브레인에이아이

**도움 주신 분**
이재령 전무 | ㈜인텔

**공저**
장병철 선생님 | 선린인터넷고등학교
임병준 선생님 | 부산컴퓨터과학고등학교
강미정 선생님 | 부산컴퓨터과학고등학교
한창수 선생님 | 덕영고등학교
김화해 선생님 | 덕영고등학교
김완재 선생님 | 인천송천고등학교
김주현 선생님 | 영등포고등학교
정지석, 김지동, 이지홍, 이승연, 김은동, 최선영,
이진우, 김동환, 김한서, 박기범, 전현수, 임정훈,
이수현, 허신, 김태경 학생 | 부산컴퓨터과학고등학교
문지혜, 김태현, 오준우, 이동현, 김다은 학생 | 덕영고등학교
Bradley Taylor, | ㈜브레인에이아이
Tan Boon Wee, William | ITE College West(Singapore)

펴낸곳 (주)브레인에이아이(Brain AI Co.,Ltd.)
출판등록 제324-2014-000036호
대표전화 02. 6478. 8111  팩스 02.6478. 8110
이메일 johnkimschool@gmail.com
웹사이트 https://www.johnkimschool.com/

학습용 키트 구매 네이버스토어팜[에듀넷몰닷컴]
http://brainai.co.kr

ISBN 979-11-953345-5-1(03370)

이 도서의 국립중앙도서관 출판시도서목록(CIP)은 서지정보유통지원 시스템
홈페이지(http://seoji.nl.go.kr)와 국가자료공동목록시스템
(http://www.nl.go.kr/kolisnet)에서 이용하실 수 있습니다.
(CIP제어번호 : CIP2019048727)

소셜임팩트 창출을 통한

# 더 나은 세상 만들기

## 청소년 인공지능 프로젝트

김용신 지음

1. 소셜임팩트의 의미를 이해하고 그 가치에 공감한다.
2. 디자인 씽킹 방법을 이해하고 소셜임팩트 창출에 적용한다.
3. 소셜임팩트 창출에 필요한 기본 테크놀로지 기능을 획득한다.
4. 소셜임팩트 창출을 위한 테크놀로지의 역할과 가치를 이해한다.
5. 소셜임팩트 창출을 위해 협력의 원칙을 지켜 가며 효과적으로 협력한다(I-RESPECT).
6. 테크놀로지를 활용한 소셜임팩트 창출을 위한 프로젝트를 기획하고 실행한다.
7. 더 나은 세상을 만들기 위한 개인적 노력과 협력의 가치를 공유한다.

## 협력의 원칙

# I - RESPECT

I : **Inspire** and **involve** all
모두를 격려하고 참여시킨다.

R : **Respect** all ideas and viewpoints
모든 아이디어와 관점을 존중한다.

E : **Engage** positively & **Empower** others
긍정적으로 참여하며 다른 친구들에게 더욱 많은 힘을 실어 준다.

S : **Set** clear goals and expectations
목표와 기대치를 분명하게 설정한다.

P : **Proactively** listen and question
적극적으로 듣고, 질문한다.

E : **Establish** an inclusive and a great place to work
프로토타입 개발을 위한 최상의 환경을 구축한다.

C : **Collaborate, Communicate, Challenge** bravely
협력하고, 의사소통하고, 용감하게 도전한다.

T : **Trust** each other to create a better world together
좀 더 나은 세상을 만들기 위해 서로 신뢰한다.

**2019**년 10월 28일 문재인 대통령은 'IT 강국을 넘어 AI 강국으로'라는 슬로건을 발표하고 인공지능(AI) 분야를 새로운 국가 차원의 전략산업으로 키워 내겠다는 뜻을 밝혔습니다. 인공지능이 사람 중심으로 작동해 사회 혁신의 동력이 되게 함께 노력하자고 강조하면서 인공지능은 산업 영역에 그치지 않고 고령화 사회의 국민 건강, 독거노인 복지, 홀로 사는 여성 안전, 고도화되는 범죄 예방 등 우리 사회가 당면한 여러 문제를 해결해 낼 것이라고 강조하였습니다.

필자는 이러한 발표를 접하면서 이와 같은 맥락에서 인공지능 기술을 활용한 사회 문제 해결 프로젝트를 추진하고 있는 청소년들이 생각났습니다.

독거노인이 외롭지 않도록 도와주는 인공지능 거울 프로젝트(Never alone), 눈이 보이지 않는 분을 위한 인공지능 인터폰 프로젝트(AI Interphone), 골든타임에 실종자를 찾을 수 있도록 돕는 인공지능 드론 프로젝트(AI Drone), 교통사고 예방을 위해 기상예보 데이터를 이용한 교통사고 발생확률 예측 인공지능 시스템 개발 프로젝트(AI Predict), 안전한 도로를 위한 인공지능 자율주행 자동차 만들기 프로젝트(AI Car), 학교의 전기를 아껴 환경을 보호하고자 하는 에너지 절약 프로젝트(AI EG-Energy Guide), 말을 못하시는 분을 위한 인공지능 텔로폰 뷰어 프로젝트(AI TelephoneViewer) 등 학교에서 배운 인공지능 기술을 활용하여 우리 사회가 당면한 여러 문제를 해결하기 위해 밤낮으로 연구를 진행하고 있는 우리 청소년들이 매우 자랑스럽게 느껴졌습니다.

그리고 청소년들이 그러한 프로젝트를 해 나갈 수 있도록 돕고 계시는 훌륭한 선생님들 모두에게 깊이 감사를 드리고 싶었고, 그 내용을 많은 분들에게 소개하고 싶어졌습니다. 2019년 1월부터 8월까지 대한민국 교육부와 ㈜인텔은 정부 기업 협력 프로그램으로서 청소년을 위한 인공지능 교육 프로그램(Intel AI4Youth)을 전국 15개 고등학교를 대상으로 시범 운영하였습니다.

이 책에서는 Intel AI4Youth 프로그램의 내용 일부와 이 프로그램에 참여한 고등학생들이 개발한 인공지능 프로젝트들을 소개하고, 인공지능을 배우고자 하는 모든 분들이 첫발을 내딛을 수 있도록 학생 프로젝트 중 배우기 쉬운 내용을 골라, 실제로 여러분이 따라 개발해 볼 수 있도록 최대한 쉽게 단계별로 설명하고자 노력하였습니다.

이 책은 ㈜인텔의 도움과 Intel AI4Youth 프로그램에 참여했던 선생님들, 그리고 프로젝트 공개를 원하는 학생들의 도움으로 집필이 가능하였습니다. 이 책이 나오기까지 도움을 주신 모든 분들께 진심으로 감사의 말씀을 전합니다.

끝으로, 대한민국이 인공지능 중심 사회 AI 강국으로 가는 데 아주 작게라도 도움이 되었으면 하고 바라 봅니다.

저자 일동

# Contents

목 차

저자의 글 .................................................. 06

---

## PART 1 인공지능 기술이 돕는 세상

Chapter 1. 인공지능 기술 체험(Artificial Intelligence Technique) ........... 12

Chapter 2. 인공지능 기술 활용 소셜임팩트 창출 사례 ..................... 17

---

## PART 2 고등학생 인공지능 프로젝트

청소년 인공지능 프로젝트 1. 실종자 찾는 인공지능 드론 ..................... 28

청소년 인공지능 프로젝트 2. 에너지 절약을 돕는 인공지능 스위치 ............. 36

청소년 인공지능 프로젝트 3. 우리 집을 지켜 주는 인공지능 인터폰 ........... 44

청소년 인공지능 프로젝트 4. 독거노인 도움 인공지능 거울 ................. 54

청소년 인공지능 프로젝트 5. 청각장애인을 위한 인공지능 전화 ............... 63

청소년 인공지능 프로젝트 6. 해양 생태계 보존을 위한 인공지능 쓰레기통 ..... 71

청소년 인공지능 프로젝트 7. 모두의 교육을 위한 인공지능 ................. 79

---

## PART 3 인공지능 기술을 배우기 위한 가상 학습 환경 설치

Chapter 3. 가상 학습 환경 구축 ..................................... 86

Activity 1. Anaconda(아나콘다) 설치하기 ............................ 88

Activity 2. 가상 학습 환경 구축하기 ................................ 94

**PART 4**  인공지능 프로그램 기초 파이썬(Python)과 친해지기

Chapter 4. 파이썬(Python)과 친해지기 — 106

**PART 5**  날씨에 따른 교통사고 발생 확률 예측 인공지능 시스템 개발

AI Project Cycle 1. 1단계: Problem Scoping — 120
AI Project Cycle 2. 2단계: Data Acquisition — 122
    Activity 1. 2018년 서울시 기상데이터 가져오기 — 123
    Activity 2. 2018년 서울시 교통사고정보 데이터 가져오기 — 131
AI Project Cycle 3. 3단계 : Data Exploration — 135
    Activity 1. 엑셀 프로그램을 이용한 필요 데이터 추출하기 — 136
    Activity 2. 인공지능 모델에 적합한 형태로 데이터 가공하기 — 145
AI Project Cycle 4. 4단계: Modeling — 159
    Activity 1. 기계학습으로 모델 학습시키기 — 160
    Activity 2. 선형회귀 분석 모델 이해하기 — 169
AI Project Cycle 5. 5단계: Evaluate — 175
AI Project Cycle 6. 6단계: Deployment — 176
    Activity 1. 주피터 노트북 형태로 서비스하기 — 177
    Activity 2. 웹 서비스 형태로 서비스하기 — 181
    더 알아보기. 텐서플로우(Tensorflow)란? — 185

**PART 6**  인공지능 자동차(AI Car) 만들기

Chapter 5. 인공지능 자동차(AI Car) 프로젝트 개요 — 188
Chapter 6. 인공지능에 사용할 DIY 자동차 알아보기 — 193
Chapter 7. 인공지능 학습에 필요한 데이터 수집하기 — 205
Chapter 8. 인공지능 학습 모델 만들기 및 기계학습 — 219
    더 알아보기. 인공지능 모델 이해하기 — 233
Chapter 9. 인공지능 자동차 자율 주행 테스트 — 237
Chapter 10. 인공지능 기술을 활용한 소셜임팩트 창출 — 257

# PART 1

# 인공지능기술이 돕는 세상

- 인공지능 기술에 대해 설명할 수 있다.
- 인공지능 기술이 사람들에게 어떻게 도움을 줄 수 있는지 설명할 수 있다.
- 인공지능 기술 활용 소셜임팩트 창출 프로토타입 개발 계획을 세울 수 있다.

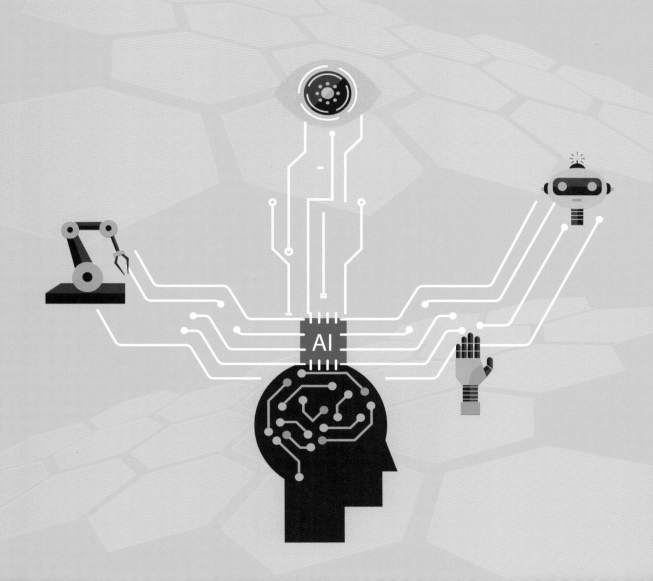

## 01

# 인공지능 기술 체험
## (Artificial Intelligence Technique)

**활동목표**

- 인공지능 기술을 체험을 통해 이해한다.
- 인공지능 기술에 대해 설명할 수 있다.

**준비물** ··········☆

- 지도자용: 구글 인공지능 체험 사이트, 지도자용 PPT
- 학습자용: 개인 노트북, 인터넷 활용이 가능한 환경, 필기도구

**토의하기** ··········☆

- 인공지능 기술이란 무엇이며, 우리 생활에 어떻게 이용되고 있는지를 인터넷을 이용하여 조사·연구해 보고 친구들과 공유한 후에 여러분의 생각을 아래에 적어 보세요.

■ 인공 지능 기술[1]

[Artificial Intelligence Technique , 人工知能技術 ]

> 인간의 뇌신경과 학습 능력 등을 흉내 낸 컴퓨터 기술. 기계류나 농업 시설 등에 다양하게 응용되고 있다.

■ 인공 지능 기술 체험해 보기

구글 웹사이트에서 제공하는 다양한 인공 지능 기술을 체험해 봅시다.

### //Teachable Machine[2]

컴퓨터에 연결되어 있는 웹캠을 이용하여 기계를 학습시켜 봅시다. 텐서플로(tensorflow.js)라는 라이브러리가 개발에 사용되었다고 합니다. 웹 사이트에서 직접 실행해 보면서, 기계에게 어떻게 학습시킬 수 있는지에 대해 알아봅시다.

단계별 실습 방법에 따라 직접 실습을 해 보면서 기계를 학습 시키는 방법에 대해 체험해 봅시다.

**Step 1** **실습 방법 확인**: 튜토리얼 비디오를 보고 어떻게 작동하는지를 알아봅니다.

**Step 2** **데이터 수집(Data Acquisition) & 기계 학습(Data Training, Machine Learning)**: 각각의 분류(class)에 최소 30장 이상의 사진을 캡처합니다. TRAIN GREEN, TRAIN PURPLE, TRAIN ORANGE, 버튼을 이용합니다. 버튼을 누르고 있는 동안에 계속해서 사진이 캡처됩니다. 입

---

1) [네이버 지식백과] 인공 지능 기술 [Artificial Intelligence Technique, 人工知能技術] (국방과학기술용어사전, 2011.)
2) https://experiments.withgoogle.com/teachable-machine

력과 출력을 어떻게 할 것인지를 결정한 후 버튼을 누르고 사진을 캡처합니다. 캡처된 사진들 위로 몇 장이 캡처되고 있는지를 확인(##EXAMPLES)할 수 있습니다. 기계 학습은 구글이 미리 만들어 놓은 인공지능 프로그램을 통해 자동으로 훈련됩니다. 훈련 결과는 'LEARNING' 영역의 'CONFIDENCE' 부분에서 확인 가능합니다.

Step 3 실행 및 테스트(Test): 훈련시킨 대로 작동하는지 확인합니다. 만약에 잘 인식되지 않는다면, 다양한 각도와 변화를 주면서 데이터 수집(사진 캡처)을 다시 해 보세요.

## ⫸ Teachable Snake[3]

컴퓨터 게임을 제어하기 위한 컨트롤러로 키보드나 마우스를 사용하는 대신 흰 종이에 검은색 화살표를 이용합니다. 화살표가 그려진 흰 종이를 웹캠에 비추면, 마치 사람이 화살표 방향을 인식하듯 컴퓨터가 화살표의 방향을 인식하여 뱀을 움직입니다. 웹 사이트에서 직접 실행해 보면서, 컴퓨터가 어떻게 화살표 방향을 인식하는지에 대해 알아봅시다.

단계별 실습 방법에 따라 직접 실습을 해 보면서 기계를 학습시키는 방법에 대해 체험해 봅시다.

Step 1 실습 방법 확인: 튜토리얼 비디오를 보고 어떻게 작동하는지를 이해합니다.

Step 2 데이터 수집(Data Acquisition) & 기계 학습(Data Training, Machine Learning): 하얀 종이에 화살표를 하나 그립니다. 화살표 방향(위, 아래, 왼쪽, 오른쪽)을 바꾸어 가면서 각 방향별 500개의 사진을 찍어 이미지 데이터를 저장합니다. 수집된 이미지 데이터를 미리 프로그래밍 되어 있는

---

3) https://experiments.withgoogle.com/teachable-snake

인공지능 프로그램을 이용하여 기계 학습을 시킵니다. 프로그램은 종이 위의 화살표 방향을 인식하고 화살표 방향에 따라 뱀을 움직이도록 합니다. 여기까지는 이미 개발되어 있는 내용입니다. 여러분이 화살표가 그려진 종이를 이용하여 스크린에 있는 뱀을 움직여 목표물을 잡아 보는 체험을 해 보도록 합니다.

**Step 3** **실행 및 테스트(Test)**: 내가 움직이는 화살표 방향과 컴퓨터에 보이는 방향이 어떻게 다른지 확인하고, 뱀이 움직이는 방향도 확인합니다. 만약에 인식이 잘 안 된다면 화살표를 좀 더 진하고 선명하게 그려서 다시 테스트해 봅니다.

## Semi-Conductor[4]

세미 컨덕터(Semi-Conductor)는 웹브라우저를 통해 오케스트라를 연주할 수 있게 해 주는 인공지능 기술 실습 프로그램입니다. 팔을 움직여 음악의 템포, 볼륨 등을 변경할 수 있습니다. 브라우저에서 작동하는 기계 학습 라이브러리인 PoseNet을 사용하여 웹캠을 통해 사람의 움직임과 매핑 한다고 합니다. 웹 사이트에서 직접 오케스트라 지휘를 해 보면서, 컴퓨터가 어떻게 사람의 움직임을 인식하는지에 대해 알아봅시다.

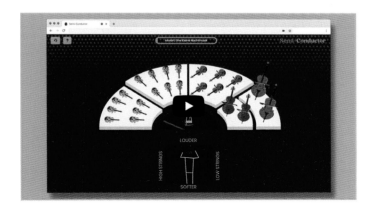

단계별 실습 방법에 따라 직접 실습을 해 보면서 기계를 학습시키는 방법에 대해 체험해 봅시다.

**Step 1** **실습 방법 확인**: 튜토리얼 비디오를 보고 어떻게 작동하는지를 이해합니다.

**Step 2** **데이터 수집(Data Acquisition) & 기계 학습(Data Training, Machine Learning)**: 웹캠 앞에 서

---

4) https://experiments.withgoogle.com/semi-conductor

서 자신의 몸의 위치를 컴퓨터에 나타나는 점들과 잘 일치시킵니다.

Step 3 **실행 및 테스트(Test):** 지휘를 하면서 오케스트라가 어떻게 연주되는지를 확인합니다. 만약에 인식이 잘 안 된다면 팔의 위치를 조정하여 다시 테스트해 봅니다.

### // Quick Draw[5]

인공지능 기술이 여러분이 무엇을 그리려고 하는지를 예측하는 게임을 통해 예측 인공지능 기술에 대해 체험해 봅니다. 웹 사이트에서 직접 그림을 그려 보면서, 컴퓨터가 어떻게 예측하는지에 대해 알아봅시다.

단계별 실습 방법에 따라 직접 실습을 해 보면서 기계를 학습시키는 방법에 대해 체험해 봅시다.

Step 1 **실습 방법 확인:** 튜토리얼 비디오를 보고 어떻게 작동하는지를 이해합니다.

Step 2 **데이터 수집(Data Acquisition) & 기계 학습(Data Training, Machine Learning):** 주어진 단어의 그림을 20초 이내에 그립니다. 그리는 동안 컴퓨터는 여러분이 그린 그림의 단어를 예측합니다.

Step 3 **실행 및 테스트(Test):** 친구와 함께 게임을 해 보고 예측 인공지능 기술에 대한 이야기를 나누어 보고 어디에 어떻게 활용되고 있는지, 그리고 어떻게 활용하면 좋을지에 대해 이야기 나누어 봅니다.

.............................
5) https://experiments.withgoogle.com/quick-draw

# 인공지능 기술 활용 소셜임팩트 창출 사례

## 활동목표

- 인공지능 기술을 활용한 소셜임팩트 창출에 대해 사례를 통해 이해한다.
- 인공지능 기술이 우리 생활에 미치는 영향에 대해 설명할 수 있다.
- 인공지능 기술을 활용한 소셜임팩트 창출 계획을 수립할 수 있다.

### 준비물 ·········☆

- 지도자용: 지도자용 PPT
- 학습자용: 개인 노트북, 인터넷 활용이 가능한 환경, 필기도구

### 토의하기 ·········☆

- 우리 생활에서 인공지능 기술이 이용되고 있는 분야에는 어떤 것들이 있는지에 대해 인터넷을 통해 조사·연구하여 아래에 적어 보세요.

■ 빅데이터 활용 예측 AI

> 기상청, 인공지능 기상예보 보좌관 '알파웨더' 개발한다!

대한민국 기상청은 2019년 6월 13일 보도 자료를 통해 인공지능 기상예보 보좌관 '알파웨더'를 개발한다고 밝혔습니다.

'알파웨더'는 차세대 인공지능 기술을 적용하여 예보관의 예보생산 과정을 학습한 후 시간당 100GB(약 15만 개)의 데이터를 활용·분석하여 예보관이 신속·정확한 예보정보를 생산할 수 있도록 지원하는 인공지능 프로그램이라고 합니다.

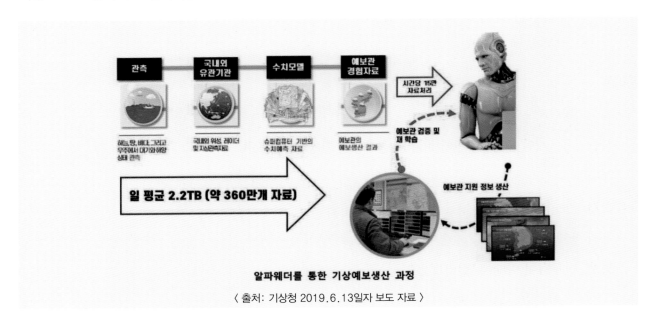

알파웨더를 통한 기상예보생산 과정

〈 출처: 기상청 2019.6.13일자 보도 자료 〉

보도 자료에 따르면

'알파웨더'는 2019년부터 2027년까지 3단계의 과정을 거쳐 개발될 예정이라고 합니다.

‒ 1단계(2019~2021년)

알파웨더가 예보관의 예보생산 과정을 학습하여 예보관이 기상특보, 기상정보를 신속하고 효과적으로 생산할 수 있도록 지원하는 프로그램 개발

---

6) http://www.kma.go.kr

– 2단계(2022~2024년)

지역별 다양하고 특화된 기상예보가 가능한 '우리 동네 스마트 파트너(Smart Partner) 알파웨더'를 개발

– 3단계(2025~2027년)

국민 개개인을 위한 일상생활 패턴에 맞는 기상정보를 제공할 수 있는 '나만의 스마트 파트너(Smart Partner) 알파웨더'를 구축하여 개인별 맞춤형 기상정보 제공 예정

알파웨더와 같은 예측 AI에서는 공공데이터 포털(Open Data Portal)[7] 자료를 이용하는 경우가 많습니다. 네이버 지식백과에서는 공공데이터와 공공데이터 포털에 대해 다음과 같이 정의하고 있습니다.

공공데이터를 효율적으로 제공하려고 구축한 통합 제공 시스템이다. 대한민국 국가가 보유하고 있는 다양한 공공데이터를 국민에게 개방하는 사이트다.

'공공데이터(Open Data, Public Information)'란 공공기관이 만들어 내는 모든 자료나 정보, 그리고 국민 모두의 소통과 협력을 이끌어 내는 공적인 정보를 말한다. 각 공공기관이 보유한 데이터 목록과 국민에게 개방할 수 있는 데이터를 포털에 등록하면 된다. 공공 부문 데이터 공개는 정부 투명성을 높이고 국민의 알 권리를 향상시키며 시간과 자원을 절감하는 효과가 있다. 정부 데이터 공개 정책은 빅데이터 시대에 소통과 공유, 협업 전략이 무엇보다 중요하다는 것을 의미한다.

대한민국 공공데이터 포털입니다. 주소는 'https://www.data.go.kr/'입니다.

〈 출처 : http://www.data.go.kr 〉

......................

7) [네이버 지식백과] 공공데이터 포털(Open Data Portal), ICT 시사상식 2017, 2016.12.20.https://terms.naver.com/entry.nhn?docId=3586080&cid=59277&categoryId=59283

대한민국 공공데이터 포털에서 '데이터셋' 메뉴에 어떤 내용들이 있는지 확인해 봅니다. 그리고 '활용사례' 메뉴의 '공공데이터 활용 사례'에서 국내외 사례를 읽어 보고, 공공데이터가 어떻게 활용되었는지에 대해서도 알아봅니다. 국가가 중점 관리하는 데이터의 경우에는 '국가중점데이터' 코너를 별도로 마련하여 서비스를 제공하고 있습니다. 국가중점데이터에는 어떤 내용들이 있는지도 확인해 봅니다.

정부기관에 따라 별도 공공데이터 포털 사이트를 운영하는 곳도 있습니다. 기상청은 '기상자료개방포털' 사이트를 통해 각종 기상자료 데이터를 공개 서비스하고 있습니다. 기상청 공공데이터 포털 사이트인 '기상자료개방포털' 사이트의 '종관기상관측' 메뉴에서 다음 기상 정보를 찾아 다운받아 보세요.

[ 기상정보: 서울, 2018년 1월 ~ 12월 / 월별 데이터, 평균기온, 강수량, 적설량 ]

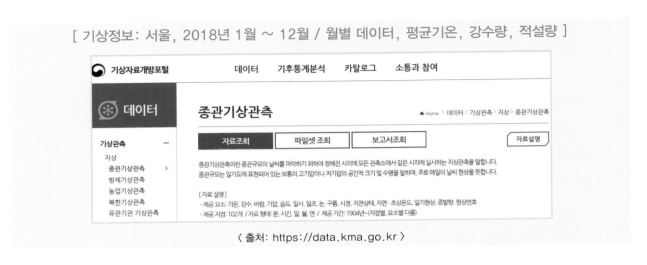

〈 출처: https://data.kma.go.kr 〉

* KAMIS 농산물 유통정보 포털 사이트에서 다음 배춧값 가격 정보 찾아 다운받아 보세요.

[ 가격 정보: 배춧값, 2018년 1월 ~ 12월 ]

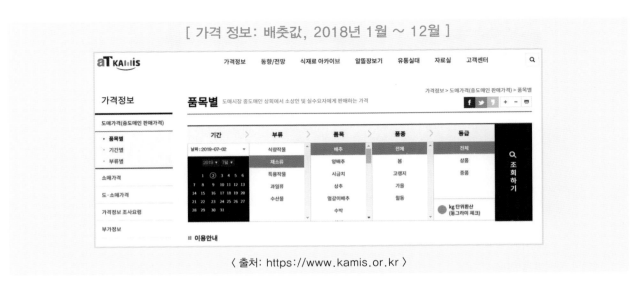

〈 출처: https://www.kamis.or.kr 〉

지방자치단체에서도 지자체에서 확보한 공공데이터를 제공하기 위해 별도의 공공데이터 포털 사이트를 운영하고 있습니다. 아래는 서울시에서 운영하는 '서울열린데이터광장' 공공데이터 포털 사이트입니다. 어떤 데이터들이 서비스되고 있는지 사이트에서 직접 확인해 보세요.

〈 출처: http://data.seoul.go.kr 〉

세계의 여러 나라들도 공공데이터 포털 사이트를 통해 데이터를 공유하고 있습니다. 미국의 공공데이터 포털 주소는 'https://www.data.gov/'이며, 인도의 공공데이터 포털 주소는 'https://data.gov.in/'입니다. 세계 여러 나라의 공공데이터 포털에 접속하여 어떤 데이터들이 활용 가능한지에 대해 알아봅니다. 이러한 공공데이터를 활용하면 사람들을 어떻게 도울 수 있을지에 대해서 아래에 적어 보세요.

- **이미지 인식**(Computer Vision) AI

> 졸음 방지 인공지능 시스템 개발 AI for Road Safety[8]

* **고속도로의 새로운 눈:** 안전한 도로를 위한 인공지능의 활용 사례입니다. 아래 이미지 출처 속 유튜브 주소로 이동하여 영상을 통해 먼저 확인해 봅니다.

〈 출처: https://www.youtube.com/watch?v=CEv2GkaSDIY 〉

태국에서는 매일 66명의 사람들이 교통사고로 사망한다고 합니다. 세계에서 가장 높은 사망률이라고 합니다. 이러한 교통사고를 줄이기 위해 태국의 한 회사에서 인공지능 기술을 활용하고 있습니다. 인공지능 기술을 이용하여 운전자의 눈동자 움직임, 눈의 깜빡임, 핸드폰 사용 여부, 피로도, 산만도 등을 분석하고 추적합니다. 이상 징후가 있을 때는 1차적으로 차내에서 자동으로 경고가 울립니다. 경고가 울리면 차에서 내려서 졸음 등을 해결하기 위한 행동을 합니다. 그리고 매니저와 연락해서 확인을 받아야 합니다. 본사 매니저는 운전자 인공지능 시스템을 이용하여 전체 운전자를 모니터링하고 관리합니다. 인공지능 기술을 이용하여 이 회사는 4,000명이 넘는 직원의 안전을 확보하고 도로의 교통사고 발생률을 계속해서 줄여 나갈 계획이라고 합니다.

---

8) https://www.youtube.com/watch?v=CEv2GkaSDIY
9) https://www.youtube.com/watch?v=5chk9Sory88

* **피망 수확을 돕는 인공지능 로봇 Sweeper:** 잘 익은 피망을 수확하는 것을 돕기 위해 인공지능을 활용한 사례입니다. 아래 이미지 출처 유튜브 주소로 이동하여 영상을 통해 먼저 확인해 봅니다.

〈 출처: https://www.youtube.com/watch?v=5chk9Sory88 〉

Sweeper는 피망 재배하는 곳을 돌아다니다가 종종 멈추어서 피망 나무를 점검합니다. 이때 색과 거리를 구별할 수 있는 카메라를 사용합니다. 컴퓨터 비전(Computer Vision) 인공지능 기술의 도움으로 Sweeper는 피망이 익었는지를 판단할 수 있습니다. 만약에 피망이 잘 익었다면, Sweeper는 날카로운 칼로 잘 익은 피망의 줄기를 자릅니다. 하나의 잘 익은 피망을 따는 데 24초가 걸린다고 합니다. 연구진들은 Sweeper가 하루에 20시간 일할 수 있다고 합니다. 그러나 아직까지는 Sweeper가 잘 익은 피망을 고르는 정확도가 61%에 불과하다고 합니다. 연구진들은 Sweeper가 노동력 부족 문제를 해결하는 데 도움을 주고 음식이 너무 익어서 부패하는 것을 줄이기 위해 연구를 계속하고 있다고 합니다.

• 인공지능 기술을 활용하여 사람을 돕는 이미지 인식 인공지능 로봇 개발에 대해 생각해 보고 어떤 로봇이 있으며, 어떻게 도울 수 있는지에 대해 아래에 적어보세요.

■ 자연어 처리 AI 챗봇(Chat Bot)

> 우울증 치료 인공지능 챗봇 Hi, I'm Woebot[10]

\* **언제나 행복한 삶:** 사람의 정신 건강을 돕기 위해 인공지능이 활용된 사례입니다. 아래 이미지 출처 유튜브 주소로 이동하여 영상을 통해 먼저 확인해 봅니다.

〈 출처: https://www.youtube.com/watch?v=XXArFd24JJE 〉

인공지능 챗봇의 이름은 '워봇(Woebot)'입니다. 일상적인 대화를 나누고, 감정 상태를 추적하고, 비디오를 안내하고, 낱말 맞추기 게임을 하는 등 사람들의 정신 건강을 돕는 데 폭넓게 이용되고 있다고 합니다. CBT(Cognitive Behavior Therapy)를 기반으로 한 인공지능 상담프로그램입니다. 언제 어디서나 상담이 가능하고 상담 내용이 저장되어 추후 전문 치료사의 치료에 활용될 수 있다고 합니다. 물론 여러 가지 윤리적 법적 문제도 함께 생각해 보아야 한다는 주장도 있습니다.

• 인공지능 기술을 활용하여 사람을 돕는 챗봇 개발에 대해 생각해 보고, 어떤 챗봇이 있으며 어떻게 도우려고 하는지를 아래에 적어 보세요.

---

10) https://www.youtube.com/watch?v=XXArFd24JJE

# PART 2

# 고등학생 인공지능 프로젝트

- 청소년들이 도전한 인공지능 기술에 대해 설명할 수 있다.
- 인공지능 기술이 사람들에게 어떻게 도움을 줄 수 있는지 설명할 수 있다.
- 인공지능 기술 활용 소셜임팩트 창출 프로토타입을 개발할 수 있다.

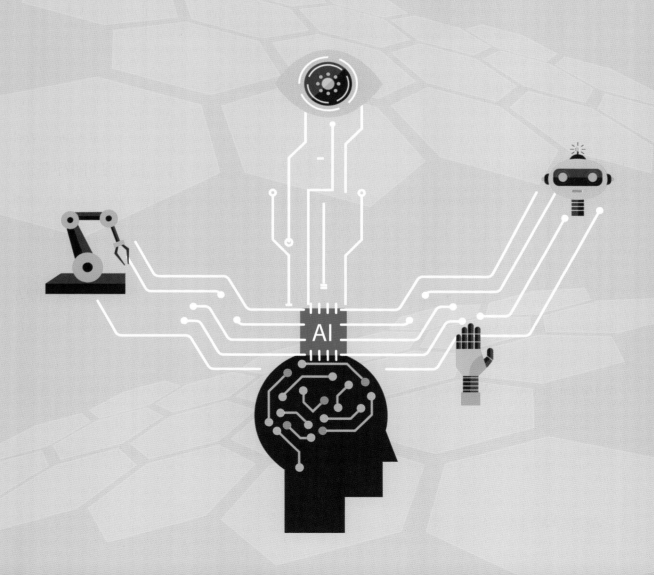

2019년에 인텔은 초·중등 학생들에게 인공지능 사회를 대비한 교육 활동이 필요하다고 생각하여 우선적으로 전국의 고등학교를 대상으로 시범 운영을 하였습니다. 학생들은 인텔에서 제공하는 Intel AI4Youth 프로그램을 바탕으로 학교의 선생님들과 함께 인공지능 기술에 대해 학습을 하였으며, 특히 Intel에서 제공하는 AI Project Cycle의 전체 과정을 통해 인공지능 기술을 활용하여 더 나은 세상을 만들기 위한 프로젝트를 추진하였습니다.

Intel AI4Youth 프로그램을 간단히 소개하면 아래와 같이 총 171시간 이상으로 Stage 1에서 Stage 4까지 총 4단계로 구성되어 있습니다.

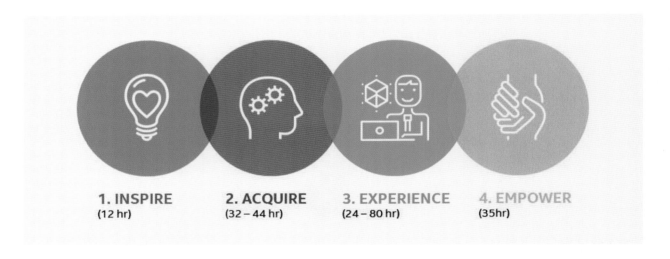

1단계 'Inspire'에서는 학생들이 인공지능 기술을 쉽고 재미있게 접하면서 왜 인공지능 기술을 배워야 하는지, 미래 인공지능 사회에서 나는 어떤 직업을 갖고 싶은지, 그리고 인공지능 기술을 개발할 때 반드시 생각해야 할 것들에는 어떤 것들이 있는지에 대해 알아봅니다.

2단계 'Acquire'에서는 Intel AI Project Cycle에 대한 소개와 인공지능 학습에 필요한 데이터의 획득과 정제 방법, 인공지능 모델과 Neural networks에 대해 알아봅니다.

3단계 'Experience'에서는 인공지능 기술 중에 Open CV(Computer Vision), Data, 자연어 처리(NLP: Natural Language Processing) 등의 기술에 대해서 직접 프로그래밍하면서 체험해 봅니다.

4단계 'Empower'에서는 학생들이 우리 주변의 문제를 직접 찾아서 인공지능 기술을 이용하여 해결하고, 학생들의 프로젝트를 매력적으로 발표하여 공유하면서 더욱 발전해 가는 기회를 가져 봅니다.

다음에 소개할 프로젝트들은 '부산컴퓨터과학고등학교'와 경기도 용인시 소재의 '덕영고등학교' 학생들이 위의 프로그램을 공부하고 팀별 프로젝트로 개발한 내용입니다. 인공지능에 대한 본격적인 공부를 하기에 앞서서 청소년들이 어떤 프로젝트를 개발하였는지 읽어 보면서 여러분도 인공지능 기술을 활용하여 세상의 다양한 문제들을 어떻게 해결해 볼지에 대해 생각해 보는 기회를 갖도록 합니다.

참고로 여기에 소개하는 프로젝트들은 여러분 모두에게 공유하고자 학생들이 직접 작성한 내용이며 학교와 선생님, 부모님, 학생들 개인에게 모두 동의를 받은 내용입니다. 프로젝트 공유를 허락해 주신 학교, 선생님, 학부모님, 학생 여러분들에게 이 자리를 빌려 감사의 뜻을 다시 한 번 전합니다.

**01**

# 실종자 찾는 인공지능 드론

소중한 생명을 지켜 줍니다.

## AI Drone

당신의 밤길을 지켜 줍니다.

실종자 수색에 도움을 줄 수 있습니다.

드론이 사람을 따라다닙니다.

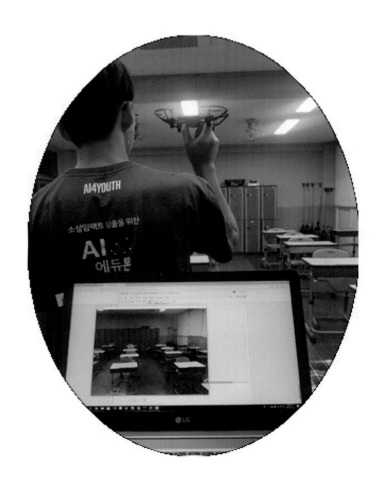

AI Drone

인공지능 드론이 등록된 사람을 따라다닐 수 있도록 개발하여 CCTV가 없는 사각지대의 위험한 상황을 예방할 수 있고, 산 속이나 바다 등 사람들이 가기 어려운 곳의 실종자를 수색할 때 도움이 될 수 있도록 개발하였습니다.

■ 문제 발견

〈 출처: http://www.etnews.com/20190705000324 〉

　주위에 많은 CCTV가 방범용으로 설치되어 있지만 범죄는 주로 사각지대에서 많이 발생합니다. CCTV를 많이 설치하고 있지만 여전히 사각지대는 있고, 그런 사각지대에서의 사고는 완전히 막을 수는 없다는 것을 알고 있습니다. 또한 가을철에 등산객들의 사고나 바다에서 발생하는 사고에서 실종자를 찾을 때 사람들이 직접 투입되는 것은 쉽지 않습니다. 이런 경우에 인공지능 드론을 사용하면 더 빠르게 문제를 해결할 수 있을 것입니다.

■ 해결 방법 제안

　인공지능 드론에 사람을 등록하고 그 사람을 따라다니면서 현재 상황을 녹화하면 지역별로 있는 CCTV와 같이 사각지대의 사고를 예방할 수 있을 거라고 생각합니다. 더불어 실종자가 발생하여 수색할 때 사람들이 직접 들어가기 힘들거나 드론을 조정해야 하는 경우에는 화면만으로 상황을 파악하기는 어렵기 때문에 인공지능 드론을 이용하면 좀 더 효과적일 것이라고 생각합니다.

■ 기대 효과

  많은 지역에 CCTV가 설치되어 있지만 CCTV가 없는 사각지대에서는 여전히 사건이 발생하고 있습니다. 사람을 따라다니는 인공지능 드론을 이용한다면 길을 걸어갈 때 자신의 상황이 녹화되기 때문에 범죄를 예방하는 데 도움이 될 것입니다. 또한, 실종자 수색을 할 때 사람이 직접 가지 못하는 곳에 인공지능 드론을 이용하면 좀 더 효과적일 것입니다.

☆·············· **프로젝트 설명** ··············☆

■ 제품 사진

등록되어 있는 사용자의 얼굴을 따라갑니다.
〈 출처: https://www.amazon.ca/DJI-Tello-Recording-Traditional-Camera/dp/B07BDHJJTH〉

■ 제품 구성도

  드론이 등록되어 있는 사람을 따라다니면서 상황을 녹화하기 때문에 범죄나 사건을 사전에 예방하고 사건이 일어날 때는 빠르게 대처합니다.

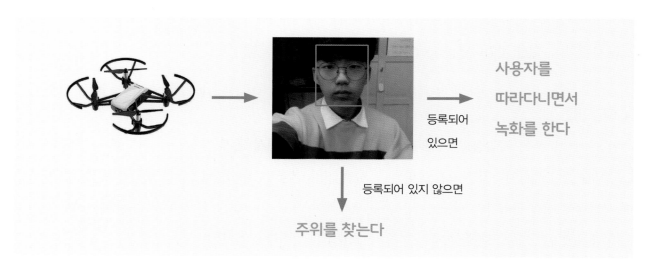

■ AI Drone 동작 순서도

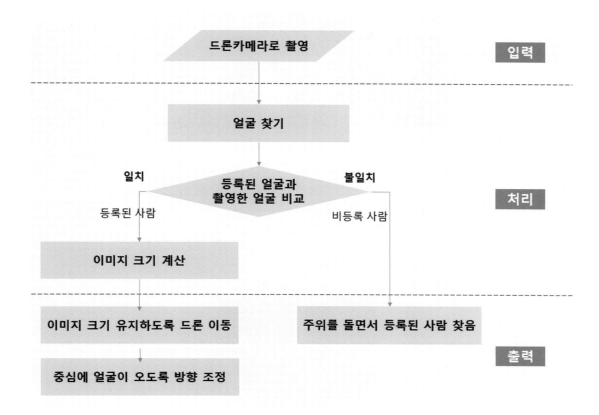

■ 개발 단계

1. 학습시키기

　가. 인공지능 학습에 필요한 사진을 찍습니다.

나. 사진에서 얼굴을 인식합니다.

다. 해당 얼굴을 원래 학습되어 있던 모델에 넣어 다시 학습시켜 줍니다.

## 3. 진행

가. 드론 캠에서 사람 얼굴을 찾습니다.

나. 학습에 사용된 사진과 드론이 찍은 사진을 비교합니다. 비교하기 전 사진의 사이즈를 동일하게 해 줍니다.

〈진행 중 찍은 얼굴〉

〈학습에 사용된 얼굴〉

다. 서로의 얼굴을 비교하여 유사도가 80% 이상이 되면 해당 사람의 얼굴을 초록색 테두리로 표시하고 따라다닙니다.

라. 만약 얼굴 인식에 실패하면 제자리에서 주위를 돌며 얼굴을 찾습니다.

마. 얼굴을 찾고 따라다니는 상태에서 주위에 사람이 들어오면 빨간색으로 인식합니다.

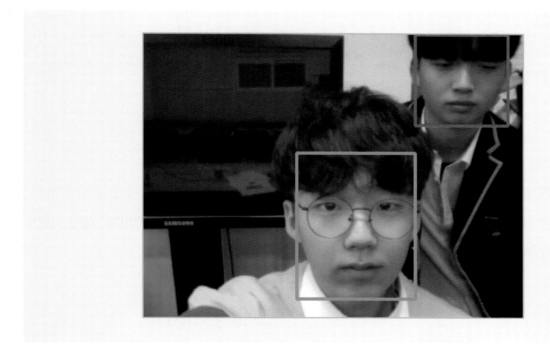

저는 부산컴퓨터과학고등학교 스마트소프트웨어과 2학년에 재학 중입니다. 현재 '소프트웨어개발반' 동아리에서 C++, JAVA, Python 등의 프로그래밍 언어를 학습하여 인공지능과 게임 개발 분야에 관심을 가지고 열심히 공부하고 있고, 다양한 프로젝트 활동을 하면서 노력하고 있습니다.

■ 프로젝트를 시작하면서

저는 사람이 드문 골목에서 발생하는 사건들이 CCTV의 사각지대에서 많이 발생하는 것을 알고 이를 해결해 보고 싶었습니다. 인공지능 드론이 등록되어 있는 사람을 따라다니면서 녹화를 하게 된다면 길거리에 CCTV를 달아 놓은 것보다 더 효과적일 것이라고 생각했습니다. 사각지대를 없앨 순 없겠지만 조금이나마 줄이고자 사람을 따라다니는 드론을 만들게 되었습니다. 드론은 실외에서 활동을 하기 때문에 빛에 문제가 생겨 빛 때문에 얼굴을 인식을 못 하게 되는 경우가 있었는데, 이 문제를 해결하는 게 제일 어려웠습니다. 하지만 직접 드론의 코드를 짜고 드론을 날려 보고 실험을 하면서 저 스스로 발전하고 있다는 것이 뿌듯하였습니다.

■ 프로젝트를 진행하면서

opencv에서 제공해 주는 알고리즘을 사용하게 되면 손쉽게 코드를 짤 수 있지만 빛에 엄청 민감하다는 단점이 생기게 됩니다. 해당 단점을 보완하고자 구글링을 하여 새로운 모델을 찾게 되었고, 해당 모델로 빛 때문에 인식이 안 되는 점을 보완할 수 있었습니다.

■ 프로젝트를 끝내면서

프로젝트를 만들 때 직접 모델을 만들어 사용했으면 좋았겠지만 실력이 미숙하여 직접 모델을 만들지 못한 것이 제일 아쉬웠습니다. 좀 더 공부하고 발전하여 꼭 제 스스로 모델을 개발해 보고 싶습니다.

# " 앞으로 저는… "

앞으로도 계속 인공지능을 좀 더 깊이 있게 공부하여 인공지능을 활용한 다양한 프로젝트를 개발하여 사람들에게 도움이 될 수 있도록 하고 싶습니다.

"저는 미래 인공지능 사회에서 드론으로 많은 사람들에게 도움이 될 수 있는 인공지능 드론을 개발하고 싶습니다."

# 02 에너지 절약을 돕는 인공지능 스위치

환경을 보호하는 에너지 절약 시스템

## AI EG(Energy Guard)

전력 소비를 줄입니다.

환경을 보호합니다.

편리하게 쓸 수 있습니다.

**팀명 :** 이지

환경을 생각하는 인공지능 개발자가 되겠습니다!

[ 왼쪽부터 승, 동, 홍, 금은동 ]

• 동 : 인공지능 교육과 코딩 담당                    • 홍 : 아두이노 회로 설계와 코딩 담당

• 승 : AutoCAD를 활용하여 시제품 모델링 담당

• 금은동 : 납땜, 회로 조립 등 전체적으로 보조 담당

### AI EG(Energy Guard)

빈 교실에 쓸모없이 낭비되는 전력의 손실을 줄이기 위해 인공지능으로 교실 내부의 사람 수를 확인하여 자동으로 전력을 차단해 주는 인공지능 에너지 절약 시스템을 만드는 프로젝트입니다.

■ 문제 발견

　방과 후에 학교 안을 다니다 보면 아무도 없는 교실과 컴퓨터실에 컴퓨터나 에어컨 등 전자기기가 켜져 있는 모습을 자주 볼 수 있습니다. 아무도 없는 곳에서 필요 없는 전력이 낭비되고 있었고, 특히 에어컨은 온실가스를 계속 배출하여 환경에도 매우 좋지 않다고 생각했습니다. 그래서 사람이 없다면 인공지능으로 기기들의 전원을 꺼 주는 방법이 없을까라는 생각에 이 프로젝트를 하게 되었습니다.


■ 해결 방법 제안

　인공지능이 실시간으로 사람을 인식하고 사람의 수를 계산하여 사람이 없음을 자동으로 판단하게 합니다. 사람이 없을 때에는 자동으로 에어컨이나 컴퓨터의 전원을 차단하여 전력 낭비와 온실가스의 배출을 줄입니다.


■ 기대 효과

　한 학교에 교실이 약 30개 정도, 전국에는 약 1만 개의 학교가 있습니다. AI EG(Energy Guard)를 사용하게 되면 수많은 교실에서 아무도 모르게 낭비되고 있는 전력 소비를 줄이고, 온실가스 배출도 줄이게 됨으로써, 지구 온난화를 방지하고 환경을 보호할 수 있을 것으로 기대됩니다. 또한, 쓸데없이 낭비되는 전력을 줄여 필요한 곳에 전력이 사용되게 할 수 있고, 학교의 전기를 줄여 그만큼의 비용을 학생의 교육을 하는 방향으로 사용할 수 있습니다.

☆························· **프로젝트 설명** ·························☆

■ 제품 사진

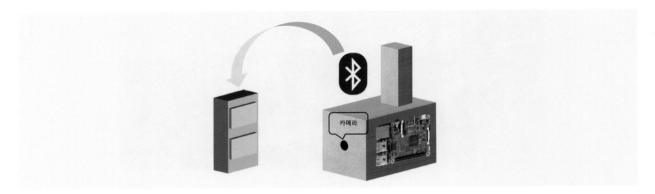

■ 제품 구성도

 일반 CCTV를 설치하듯 우리가 만든 AI EG를 교실 칠판 위 중앙에 설치합니다. 설치 시, 릴레이에 미리 차단하고 싶은 전력을 연결합니다. 그러면 교실 안에 사람이 없을 때 릴레이에 연결된 기기들을 자동으로 종료합니다.

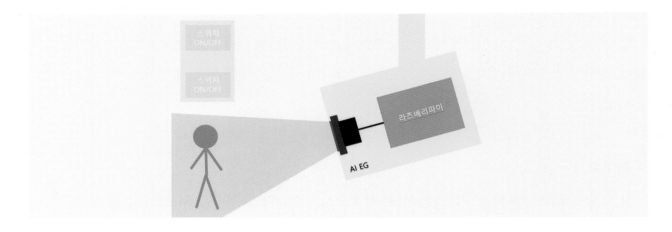

■ 제품 스펙

| 제품명 | AI EG |
|---|---|
| 정격 전압 | 5V(아두이노 나노 전압) |
| 외형치수 | 88 × 130 × 55 |
| 중량 | 200g |

* 단, 예측한 내용이므로 정확하지 않을 수도 있음.

프로젝트 개발 과정

■ AI EG 동작 순서도

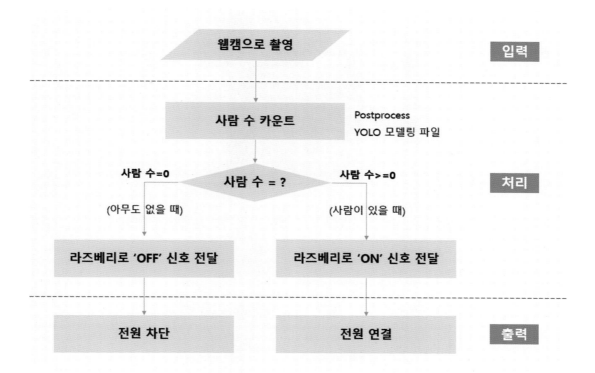

■ 개발 단계

  1. 인공지능 데이터 수집 & 학습 단계

     가. 인공지능 학습에 필요한 사진을 촬영합니다.

나. YOLO에 사용할 사진을 COCO Dataset으로 바꿔 줍니다.

　1) 사진 안에서 추출할 데이터를 벡터 형태로 추출할 부분만 선택하여 초록선 안의 데이터만 교육에
　　사용합니다.

　2) 초록색 선 안의 자료의 인덱스를 사람으로 지정하여 교육된 물체가 사람이라는 것을 알려 줍니다.


2. 파이썬을 이용하여 실시간으로 웹캠 화면 불러오기

　가. 주피터 노트북과 파이썬 이용하여 실시간 웹캠 화면을 캡처합니다.

나. YOLO와 OpenCV를 사용해 사람의 형태를 인식합니다.

다. 화면에 보이는 사각형의 숫자를 세어 사람의 수를 도출합니다.

## 3. 아두이노를 이용하여 전원을 연결/차단

가. 사람이 없으면 화면에 'Power OFF'를 띄우고 아두이노로 전원 차단 신호를 전달합니다.

나. 다시 사람이 들어오게 되면 전원 차단을 해제합니다.

## 팀 이지

부산컴퓨터과학고등학교 스마트소프트웨어과 3학년 2명과 2학년 1명, 공통계열 1학년 1명으로 구성된 팀입니다. 각각 공부하는 분야가 다르기도 하지만 인공지능이라는 공통된 주제를 가지고 서로 공부하는 것을 공유하기도 하면서 협동하고 노력하여 인공지능에 대해 공부하고 있습니다.

### ■ 프로젝트를 시작하면서

저희 팀 이지는 평소에 학교에서 같이 대회 활동을 하던 친구들로 모이게 되었고, 저희가 학교에 남아 늦은 시간에 집에 갈 때 컴퓨터가 켜져 있는 실습실이나 에어컨, 선풍기가 그대로 켜져 있는 교실들이 있는 것을 보고 전기 낭비 문제가 있을 것이라고 생각하게 되었습니다.

프로젝트를 시작하면서 문제를 어떻게 해결할지에 대해 토론식으로 각자 아이디어를 내게 되었는데, 다양하고 참신한 아이디어가 다양하게 나와서 함께 서로 즐거웠던 경험이 있습니다. 실제로 프로젝트를 시작하면서 저희가 기존에 알고 있던 CNN알고리즘으로는 저희의 프로젝트를 완벽하게 구현하는 것이 어려웠고, 또 다른 데이터 모델을 찾는 것이 약간 어려웠습니다.

### ■ 프로젝트를 진행하면서

OpenCV 예제 사람 인식 알고리즘을 대체할 만한 인공지능 모델을 찾아보던 중 'YOLO'라는 인공지능 모델을 알게 되었습니다. 다소 높은 컴퓨터 사양이 필요했지만, 시작할 때의 문제점을 모두 해결할 수 있는 모델입니다. 하지만 YOLO는 너무 많은 형태들을 찾아내는 데 비해 우리는 사람만 필요하였기 때문에 사람만 인식할 수 있도록 인공지능 모델을 수정하였으며, 한 프레임마다 사람의 수를 세게 하였습니다.

### ■ 프로젝트를 끝내면서

먼저 인공지능 중 CNN 알고리즘을 공부하였었지만, 특정 인물이 아닌 불특정 다수를 인식해야 한다는 부분에서 약간의 어려운 부분이 있었습니다. 또한 OpenCV 예제 중 사람 얼굴 인식, 사람 인식은 사람이 앉아 있는 모습, 상체만 있는 모습, 뒷모습 등 정해진 몇몇 행동을 제외하고는 인식하지 못한다는 부분에서 어려움이 있었습니다. 하지만 팀원끼리 서로 힘을 합쳐 해결 방법을 찾게 되었고 최종적으로 처음 설계했던 대로 사람을 잘 인식하고 자동으로 전원이 연결/차단되는 것을 보며 기뻤습니다. 다만 컴퓨터가 없으면 동작시킬 수 없다는 점은 다소 아쉬웠습니다.

## ❝ 앞으로 우리는… ❞

앞으로 우리 팀은 이번에 개발한 인공지능 에너지 절약 시스템 'AI EG'를 더욱 최적화하고 실용성을 높여서 전국 각 학교나 학원, 공장과 같은 전력의 차단이 중요하거나, 낭비가 심한 곳에 보급하여 우리나라의 에너지 절약과 환경 보호에 앞장설 것 입니다.

"저는 미래 인공지능 사회에서 인공지능과 제가 개발하던 분야인 애플리케이션, 라즈베리 파이, 아두이노 등을 결합하여 좀 더 여러 사람의 삶의 질을 향상시켜 줄 여러 프로젝트를 만들고 싶습니다. 그것을 위해 앞으로 좀 더 다양한 인공지능 기술을 공부하여 사회적으로 도움이 되는 프로그래머가 되고 싶습니다."

"저는 미래 인공지능 사회에서 이번에 배운 인공지능과 제가 하고자 하는 일을 결합하여 제가 그때그때 하고 싶은 일을 이루고 자아를 실현하는 데 사용할 것입니다. 또한 제가 직접 저에게 필요한 물건을 만들어 제 삶을 좀 더 풍요롭게 만들고 주변 사람들에게 소개시켜 주고 싶습니다."

"저는 미래 인공지능 사회에 대비하여 현재 공부하고 있는 정보보안 시스템과 인공지능을 접목시켜, 해킹으로 인한 개인정보 유출 및 데이터 파괴 위협으로부터 안전하게 보호해 줄 인공지능 보안체계를 구축하고 싶습니다."

"저는 이번에 배운 인공지능 기술들을 활용하여 앞으로 미래 사회의 중요한 인공지능 분야에서 저만의 독특한 아이디어를 통해 사람들에게 꼭 필요한 제품을 만들고 싶습니다. 그러기 위해 인공지능에 대해 좀 더 깊이 있게 세부적인 내용을 공부하고 싶습니다."

**03**

# 우리 집을 지켜 주는 인공지능 인터폰

안전한 사회를 위한 보안 시스템

## AI 인터폰

우리 집을 지켜 줍니다.

낯선 사람을 알려 줍니다.

인공지능으로 손님을 알려 줍니다.

**팀명** : 탄탄

몸도 탄탄 마음 탄탄 실력 탄탄!

[ 왼쪽부터 J군, K군, C양, L군 ]

- J군 : 핵심 프로그래밍 작업
- K군 : 문서 작업 및 디자인
- C양 : 웹 프로그래밍 및 문서 작업
- L군 : 시제품 모델링 및 보조 작업

AI Interphone

인공지능 인터폰은 보안에 취약할 수 있는 1인 가구나 시각장애인들의 안전한 생활을 위해 집 앞에 찾아온 손님이 등록된 사람인지 음성으로 알려 주고, 수상한 사람이 있을 경우에는 수상한 움직임이 포착되었음을 알려 주는 보안 시스템을 만드는 프로젝트입니다.

■ 문제 발견

〈 출처 : 머니투데이(2019.6.24.) 〉

최근 뉴스에서 무단침입과 관련된 뉴스가 계속해서 나오고 있습니다. 이런 상황은 1인 가구뿐만 아니라 집을 비웠을 때도 발생할 가능성이 많습니다. 특히, 시각장애인들의 경우에는 인터폰의 화면을 볼 수 없기 때문에 더 위험할 수 있다는 생각이 들었습니다. 이런 문제를 해결하기 위해 AI 인터폰을 생각하였습니다. 시각장애인들과 집에 혼자 있거나 집을 비웠을 때, 집 앞에 낯선 사람이 방문하거나 어슬렁거리는 상황을 알려 주어 주거침입, 빈집털이 같은 범죄를 줄이고 사람들이 마음 편하게 외출할 수 있길 바라는 생각으로 개발하게 되었습니다.

■ 해결 방법 제안

집에 아무도 없는 상태에서 자신의 집 앞에 사람이 있으면 그 사람의 사진을 집주인에게 보내고 알림니다. 인공지능의 얼굴인식기술을 통해 등록되어 있는 사람을 판단하는 인공지능을 개발하여 집 앞에 서 있는 낯선 사람을 휴대폰과 인터폰으로 알려 주는 보안 시스템입니다.

■ 기대 효과

　전국에 시각장애인은 25만명 정도이고, 1인가구는 계속해서 증가하고 있습니다. 특히, 1인 여성가구의 위험은 더욱 노출되어 있다고 합니다. 인공지능을 이용하여 자신의 집 앞에서 수상한 움직임이 감지되면 실시간으로 사용자에게 전송하게 하여 빈집털이 또는 주거침입과 같은 범죄율을 줄일 수 있을 것으로 기대됩니다. 또한, 시각장애인들은 인터폰 화면으로 사람을 확인할 수 없기 때문에 음성으로 사람이 있음을 알려 주고, '열어'라고 말하면 자동으로 문을 열어 줄 수 있도록 하여 시각장애인에게 도움이 될 것으로 기대됩니다.

☆━━━━━ 프로젝트 설명 ━━━━━☆

■ 제품 사진

1)　얼굴 인식으로 유사도가 85% 이상일 경우

"@@님 입니다."라는 멘트를 출력합니다. 이후, "열어"라고 하면 문이 열립니다.

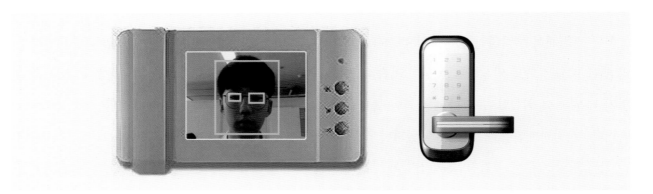

■ 제품 구성도

　일반적인 도어락과 인터폰 시스템에 현관문에 카메라를 설치하고, 인공지능 얼굴인식 기능을 넣었습니다. 이용자는 가족, 친구 등 자신의 집에 자주 방문하는 사람들의 얼굴을 사전에 등록합니다. 그리고 자신의 집 앞에 사람이 있으면, 인공지능 시스템이 현관문의 카메라를 통해 사람의 얼굴을 인식하여 판단합니다. NLP를 통해 음성으로 등록된 사람의 정보를 알려 주고, 음성으로 입력받아 현관문을 열어 주는 시스템입니다.

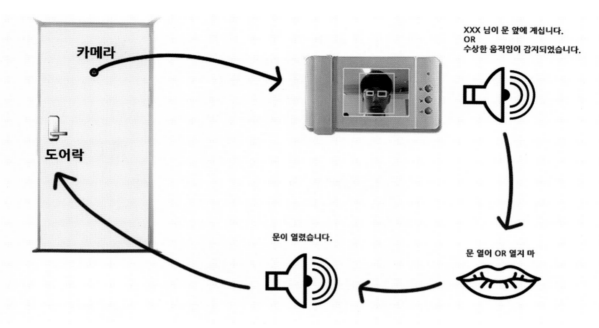

■ 제품 스펙

| 제품명 | 4선식 컬러비디오폰 |
| --- | --- |
| 정격 전압 | AC220V~ 60㎐ |
| 소비 전력 | 대기 시 1W±20%, 동작 시 7.5W±20% |
| 외형치수 | 140 × 195 × 34.2 ㎜ |

* 단, 예측한 내용이므로 정확하지 않을 수도 있음.

■ AI InterPhone 동작 순서도

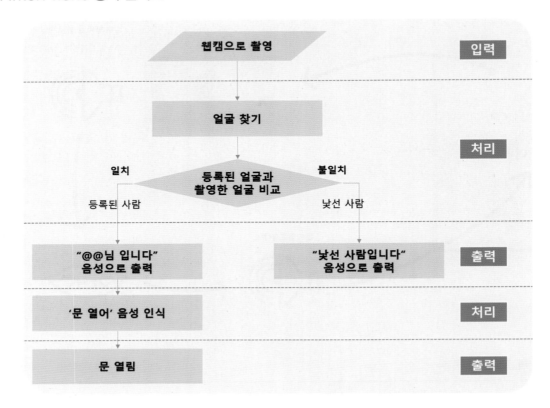

■ 개발 단계

1. 학습시키기

가. 인공지능 학습에 필요한 사진을 찍습니다.

나. 사진에서 얼굴을 인식합니다.

다. 사진의 사이즈와 색을 흑백으로 바꿉니다. 그 이유는 학습의 방식이 흑백으로 진행되는 것과. 사이즈를 고정해서 보다 정확하게 학습을 하기 위해서입니다. 해당 알고리즘의 단점은 빛에 민감하다는 것입니다.

## 2. 음성인식

가. 음성인식과 관련된 것들은 Google API 및 Konlpy 라이브러리를 사용하였습니다. Konlpy 라이브러리를 사용하여 한글의 조사 와 명사를 구분합니다. 조사를 다 제외하고 사람이 말한 문장 안에 "열어", "열지 마", "닫아" 등의 말을 인식합니다.

## 3. 진행

가. 캠에서 사람 얼굴을 찾습니다.

1) 캠으로 얼굴부분만 인식합니다.

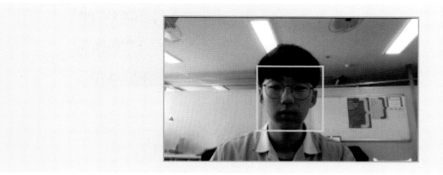

2) 만약 등록되어 있지 않은 얼굴이 들어오면 'Unknown cnt'가 증가합니다.

나. 사람 눈을 찾습니다.

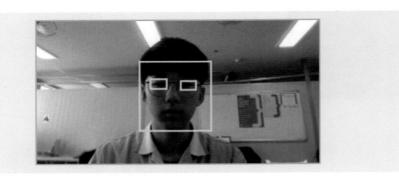

다. 만약 사람의 유사도는 높은데 눈을 감고 있으면 'eyesCnt'가 1씩 증가하며 10 이상이 될 경우 "눈을 떠 주세
요."라고 말하게 됩니다.

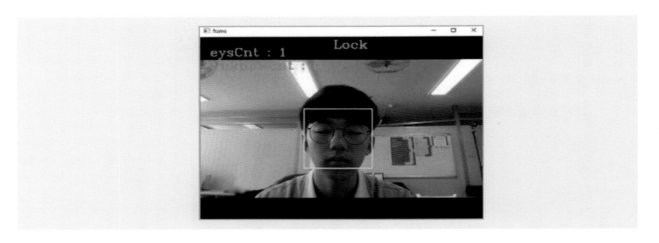

라. 해당 얼굴을 흑백으로 바꾸고 사이즈를 바꾼 다음 유사도를 비교합니다. 두 개의 얼굴이 85% 이상 비슷하면
다음 단계로 넘어갑니다. 만약 넘지 않는다면 'UnknownCnt'가 1씩 증가합니다.

〈진행 중 찍은 얼굴〉

〈학습에 사용된 얼굴〉

마. 얼굴 인식이 완료되면 음성인식으로 문을 열지 말지 결정합니다. "열어"라고 말하면 아래의 그림처럼 문이 열리고 "열지 마"라고 말하면 문이 열리지 않습니다.

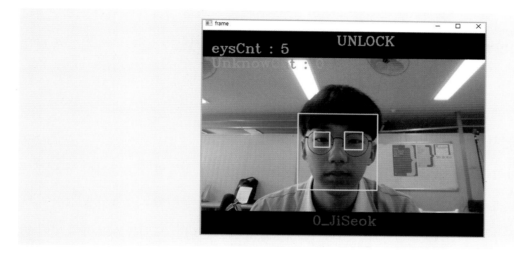

## 탄탄 팀

부산컴퓨터과학고등학교 스마트소프트웨어과 3학년 1명과 2학년 3명으로 구성된 팀입니다. 서로 다른 IT전문 동아리를 하고 있지만 동아리 연합으로 다양한 작품을 제작하고, 대회에 참여하면서 각자의 역할을 가지고 AI 프로젝트에 참여하게 되었습니다.

■ **프로젝트를 시작하면서**

동아리를 하면서 마음이 맞는 사람들끼리 모여서 프로젝트를 시작하였습니다. 저희는 시각장애인들과 1인 가구들이 범죄에 노출되어 있다는 문제를 찾아서 인공지능으로 도어락을 만들자는 생각을 하였습니다. 빛에 민감한 학습 방법을 사용하다 보니 빛 때문에 인식이 안 됐지만, 모두가 협력하여 즐겁게 만들어 나갔습니다.

■ **프로젝트를 진행하면서**

진행하는 도중에 아이디어를 바꾸게 되면서 여러 번 코드를 수정하느라 힘들었지만 열심히 한 덕분에 아무 문제없이 잘 만들게 되었습니다. 하지만 얼굴을 인식하는 알고리즘을 구사했으나 빛에 민감하여 빛 때문에 인식이 잘 안 될 때도 있다는 문제점이 있습니다. 이러한 문제점은 다른 모델을 사용하여 빛에 민감했던 부분을 수정할 수 있었습니다.

■ **프로젝트를 끝내면서**

한 번도 해 본 적 없었던 새로운 것에 대해 배우다 보니 많은 부분에서 어려움을 겪었고, 한국에 자료가 많이 없어서 자료를 찾는 것도 힘들었습니다. 하지만, 모두 힘을 합쳐 구글링을 통해서 열심히 자료를 찾으니 만족스러운 자료가 나오고, 원하는 실행 상태를 코딩으로 구현하면서 성취감도 느낄 수 있었습니다. 인공지능으로 아이디어를 구현할 수 있다는 것이 뿌듯하고 즐거웠습니다. 아쉬운 점은 빛에 민감하여 사진을 등록할 때 하기 힘들다는 것입니다.

#  앞으로 우리는…

앞으로 우리 팀은 더욱더 많은 사회적 문제를 해결하기 위해 노력할 것이다. 예를 들면 고령화 사회 문제처럼. 그리고 사람들이 더 편리하게 생활할 수 있도록 노력할 것이고, 인공지능과 접목된 게임을 개발하는 것도 목표이다. 이처럼 다양한 분야에서 다양한 주제로 사람들에게 도움이 되는 것을 개발하는 것이 우리 팀의 목표다.

"저는 미래 인공지능 사회에서 골칫덩이인 사회적 문제들을 해결하고, 많은 사람들에게 도움이 되는 인공지능을 개발 혹은 아이디어를 도출해 내고 싶습니다."

"저는 미래 인공지능 사회에서 지금 문제가 되는 고령화 사회에 도움을 줄 수 있는 인공지능을 개발하여 안전하고 편리한 사회를 개척하고 싶습니다."

"저는 미래 인공지능 사회에서 사람들이 더 편리하게 생활할 수 있는 사회를 만들고 싶습니다."

"저는 미래 인공지능 사회에서 우리나라의 미래의 발전을 위한 대한민국 최고 게임 및 인공지능을 만들고 싶습니다."

# 독거노인 도움 인공지능 거울

**04**

독거노인 도움 챗봇

## Never Alone

독거노인들의 외로움을 줄입니다.

사회복지사의 일이 한결 수월해집니다.

고령화 시대에 노인들의 사회참여율을 높입니다.

**팀명 : NA**

미래를 생각하는 인공지능을 만들겠습니다!

[ 왼쪽부터 P군, K군, C군 ]

• P군 : 인공지능 모델링, 제품 테스트

• K군 : 인공지능 코딩, 전체 총괄

• C군 : 사전정보 수집, 데이터 정제

Never Alone

고령화가 진행되는 사회에 따라 큰 문제 중 하나인 독거노인의 독거사를 줄이기 위하여 노인들의 표정을 인식하여 감정을 확인하고 그 표정에 어울리는 대화를 할 수 있도록 하여 사회복지사의 일을 줄이고 독거노인들의 외로움을 줄이는 인공지능을 만드는 프로젝트입니다.

■ 문제 발견

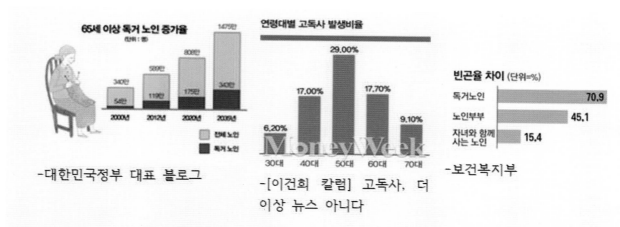

〈 출처 : http://blog.daum.net/_blog/BlogTypeView.do?blogid=0M2Ex&articleno=6985195&categoryId=705974&regdt=20150318083000
http://moneys.mt.co.kr/news/mwView.php?no=2014061813448027690&type=4&code=w0302
https://www.mk.co.kr/news/special-edition/view/2013/02/135242/ 〉

대한민국이 계속하여 고령화가 진행됨에 따라 생기는 가장 큰 문제는 독거노인들의 복지 및 관리 문제입니다. 이러한 문제가 일어나는 이유는 사회복지사가 담당해야 할 독거노인들의 수는 한 명당 20명이기 때문에 도움이 필요한 노인에게 적절한 복지를 주지 못한다는 데 있습니다.

■ 해결 방법 제안

인공지능이 하루 3번 노인과 정기적인 대화를 통해 사회복지사에게 필요한 데이터들을 정리하여 문서화시키고, 그 문서를 사회복지사에게 전달합니다. 노인은 챗봇과의 대화를 통해 외로움을 조금이라도 줄이고 정기적인 대화 기능과 함께 여러 가지 서비스 제공을 통해 편리함을 느낄 수 있을 것입니다.

### ■ 기대 효과

  우리나라는 현재 738만 1천 명 정도가 65세 이상 인구이고 이 중 63%가 자신의 몸이 건강하지 못하다고 평가하고 있습니다. NeverAlone 챗봇을 사용하게 된다면 로봇, 앱 등으로 다양하게 제공하고 그로 인해 노인들의 외로움을 줄이고 사회에 소속감을 느낄 수 있도록 할 뿐만 아니라, 사회복지사에게서 여러 정보를 전달함으로써 경제력도 증가할 것입니다. 사회복지사는 컴퓨터 하나로 많은 노인들의 데이터를 받아 도움이 필요한 노인에게 적절한 복지를 제공할 수 있을 것입니다. Never Alone 프로젝트는 사회의 고령화는 막을 순 없겠지만 그에 따라 생기는 문제들을 최소화할 수 있을 것입니다.

☆⋯⋯⋯⋯⋯ **프로젝트 설명** ⋯⋯⋯⋯⋯☆

### ■ 제품 사진

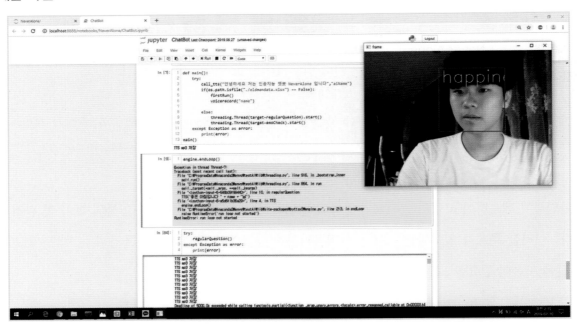

### ■ 제품 구성도

  인공지능을 소형 로봇이나 스마트 미러에 이식하여 하루에 3번 정기적인 대화를 통해 건강 정보 수집, 데이터를 얻고 정기 대화와 함께 간단한 명령을 들어주거나 스마트 미러로는 날씨나 뉴스 정보들을 알려 줄 것 입니다.

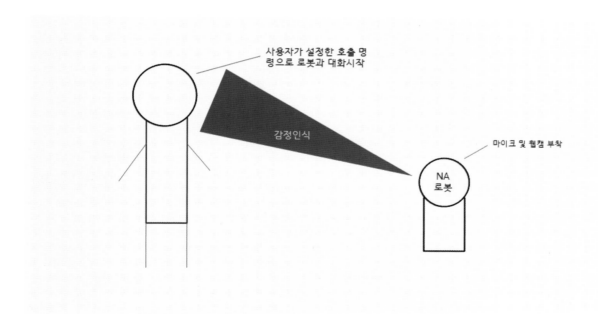

사용자가 설정한 호출 명령으로 로봇과 대화시작

감정인식

마이크 및 웹캠 부착

NA 로봇

■ 제품 스펙

| 제품명 | Never Alone |
|---|---|
| 정격 전압 | 5V(라즈베리 전압) |
| 외형치수 | 20㎝ × 30㎝(로봇) or 50㎝ × 20㎝(스마트 미러) |
| 중량 | 2㎏(로봇) 또는 200~300g(스마트 미러) |

\* 단, 예측한 내용이므로 정확하지 않을 수도 있음.

■ Never Alone 동작 순서도

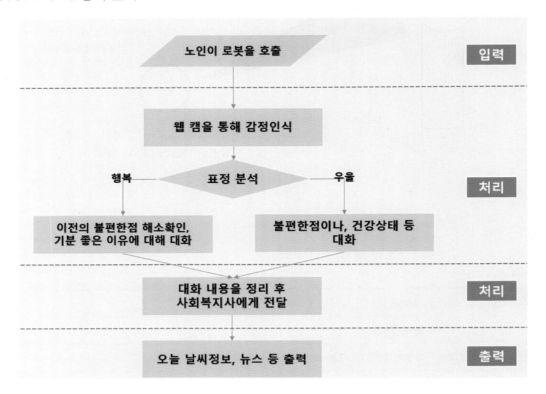

■ 개발 단계

1. 인공지능 데이터 수집 & 학습 단계

가. 인공지능 학습에 필요한 사진을 수집합니다.

〈 출처 : 구글에서 수집 〉

나. 수집한 데이터들을 정확하게 학습시키기 위해 OpenCv의 기능을 사용하여 흑백으로 바꿉니다.

1) 사진들을 흑백으로 바꿔 줍니다.

2) 저장된 사진들을 크게 행복, 평범, 슬픔으로 분류하여 학습시킵니다.

```
135        print('%s\t%s' % (filename, label_name))
136
137 if __name__ == '__main__':
138     main()
139
```

```
Train on 542 samples, validate on 136 samples
Epoch 1/16
542/542 [==============================] - 52s 97ms/step - loss: 0.8922 - acc: 0.6956 - val_loss: 8.8163 - val_acc: 0.0147
Epoch 2/16
512/542 [=========================>..] - ETA: 2s - loss: 0.3865 - acc: 0.8535
```

[감정들을 모델링 중]

## 2. 파이썬을 이용하여 실시간으로 웹캠 화면 불러오기

가. 주피터 노트북과 파이썬을 이용하여 실시간 웹캠 화면을 캡처한 후 모델링한 파일을 통해 감정을 인식하게 코딩하였습니다.

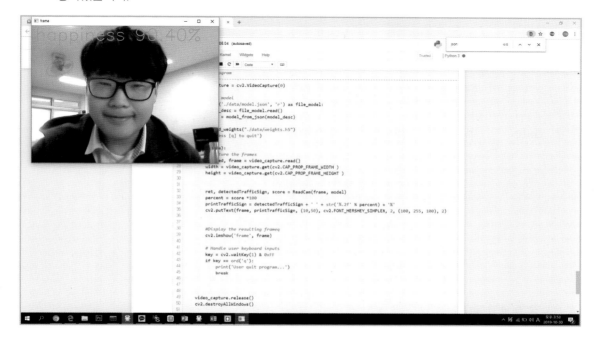

나. 사진의 배경까지 인식되어 정확도가 떨어지므로 얼굴만 크로핑하여 인식하도록 수정하였습니다.

[ 얼굴을 크로핑하도록 코딩 ]

## 3. 마이크로 입력받는 챗봇 제작

가. 코딩을 통해 정해진 시간이면 정해진 대화를 통해 데이터를 수집하고 정기적 대화가 아니라면 명령을 받아

적절한 값을 도출해 주는 챗봇을 제작합니다.

나. 웹캠과 챗봇이 동시에 실행되도록 코드를 합친 후 코드가 끝나면 엑셀에 저장되도록 합니다.

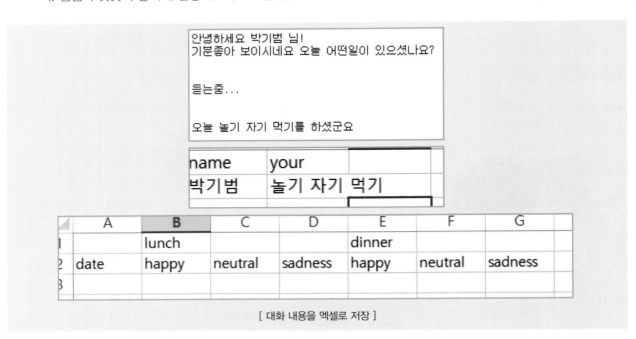

[ 대화 내용을 엑셀로 저장 ]

## 팀 NA

부산컴퓨터과학고등학교 스마트소프트웨어과 3학년 1명과 2학년 2명으로 구성된 팀입니다. 각각 공부하는 분야가 다르기는 하지만 함께 사회에 도움이 될 수 있는 인공지능을 만들어 보자는 결심으로 모여서 팀을 만들었습니다.

### ■ 프로젝트를 시작하면서

저희는 모두 다른 분야에서 공부를 하지만 사회에 도움을 주기 위한 인공지능을 만들어 보자는 의지 하나로 뭉친 팀입니다. 처음엔 고령화 문제 자체를 해결하려 하였지만 고령화는 막을 수 없음을 깨닫고 한계점을 두어 그에 따라 생기는 부수적인 문제들을 해결하고자 하였습니다. NLP, CV를 동시에 사용하다 보니 코드가 매우 길어졌고 그만큼 버그와 오류도 많이 생기고 대부분의 자료가 모두 영어여서 조금 어려움을 겪었지만, 서로 도움을 주며 문제를 해결했습니다.

### ■ 프로젝트를 진행하면서

팀원과의 갈등은 없었지만 대부분의 인공지능 라이브러리들이 외국에 초점이 맞춰져 있고, NLP 라이브러리를 사용할 때 한국어 처리가 잘 되지 않아서 코드를 처음부터 모두 바꾼 적이 있었습니다. 이 문제는 함께 코드를 계속 수정함과 동시에 인터넷에서 NAVER의 TTS API를 사용하면서 해결할 수 있었습니다.

### ■ 프로젝트를 끝내면서

프로젝트를 마무리하면서 진행한 내용들을 돌아보니 팀원 간의 협력이 가장 중요했던 것 같습니다. 처음 인공지능 알고리즘에 대해 잘 모를 때 팀원끼리 역할을 배분해 해외 자료들을 번역하고 코딩하여 잘 학습할 수 있었습니다. 팀원의 정확한 역할 분배가 없었다면 개발 기간이 매우 늘어났을 것입니다.

이번 인공지능을 만들면서 즐거웠던 것은 인공지능을 만드는 것, 그 자체였습니다. 하나의 지능을 만든다는 것에 대한 즐거움을 찾게 되었습니다. 이번 프로젝트를 마무리하면서 팀원 모두 새로운 목표와 꿈이 생기고 앞으로 새로운 프로젝트를 함께하기로 하면서 매우 기대가 됩니다.

# 앞으로 우리는…

앞으로 인공지능을 다양한 하드웨어(스마트미러, 아두이노나 마이크로빗을 활용한 로봇)에 이식하여 사용자가 좀 더 쉽고 편안하게 다가가고 사용자에게 더욱 편리한 기능을 제공하는 것이 저희 팀의 궁극적인 목표입니다.

"처음엔 재미로 시작한 인공지능 프로젝트였지만 프로젝트를 계속 진행하면서 책임감을 느끼며 임했다. 인공지능은 앞으로 사회에서 계속 활용될 것이며 내가 현재 공부하는 정보보안과도 매우 밀접한 관계를 계속하여 지닐 것이다. 현재 개발 중인 인공지능을 계속하여 발전시켜 다양한 플랫폼에 적용시켜 볼 것이고 차후에 보안과도 연계하여 해킹방어법을 학습하는 인공지능을 만들고 싶다."

"인공지능이 4차 산업혁명에서 뜨거운 감자가 되는 만큼 보안 또한 철저히 관리해야 한다고 생각한다. 인공지능이 대두되는 만큼 인공지능보안전문가들의 인력은 한없이 부족할 것이고, 이전부터 정보보안 전문가가 꿈이었던 나는 이번 프로젝트를 진행하면서 인공지능보안전문가가 되어 보기로 했다."

"이번 AI 프로젝트를 하면서 디자인이 중요하다는 생각이 들었습니다. 그래서 저는 AI 디자이너가 되고 싶습니다. 이를 위해 매일 디자인 공부와 인공지능 관련 수업을 듣고 있습니다. 그뿐만 아니라 여러 지식과 경험, 공모전 등을 쌓아서 나의 작품인 포트폴리오를 구축하여 취업을 준비할 것이고 나중엔 웹 쪽으로 개인 사업을 할 것입니다."

청소년 인공지능 프로젝트

## 05 청각장애인을 위한 인공지능 전화

청각장애인을 위한 모바일 애플리케이션

# Telephone Viewer

우리가 알지 못했던 청각장애인의 불편함.

소리를 듣지 못하는 청각장애인의 고통.

이 애플리케이션으로 해결할 수 있습니다.

**팀명 :** Telephone Viewer

모두를 생각하는 인공지능 개발자가 되겠습니다!

[ 왼쪽부터 훈, 신, 현, 경 ]

• 훈 : 인공지능 훈련 및 전반전인 코딩 담당          • 현 : 애플리케이션 UX/UI 디자인

• 신 : 학습데이터 수집 및 처리                    • 경 : 기획 및 오류 검토

Telephone Viewer

청각장애인과 일반인이 통화를 할 때 겪는 의사소통의 불편함을 해결하기 위해 일반인이 말한 내용은 청각장애인 휴대폰 화면에 텍스트로 보이게 하고, 청각장애인이 전송한 텍스트 내용은 일반인에게 기계음으로 들리게 하여 청각장애인도 통화를 할 때 불편함을 겪지 않게 두 사람 사이의 통화를 도와주는 애플리케이션입니다.

■ 문제 발견

〈 출처 : https://news.sbs.co.kr/news/endPage.do?news_id=N1005273223)
https://youtu.be/N0erM77AhUs 〉

학교 일과를 마치고 지하철을 타고 집으로 돌아가던 중 친구와 전화를 하려 했지만 저의 목소리만 전달되고 친구의 목소리는 들리지 않는 오류 현상을 잠깐 경험하였습니다. 그래서 청각장애인의 일상생활 속 불편함을 생각해 낼 수 있었고, 인터넷에서 다양한 자료를 검색하여 홈쇼핑 주문이나 ARS 인증 등 청각장애인이 일상생활에서 전화로 큰 불편함을 겪고 있음을 알게 되었습니다. 그래서 청각장애인을 위해서 애플리케이션을 만들면 큰 도움이 되겠다는 생각에 제작하게 되었습니다.

■ 해결 방법 제안

실시간으로 일반인의 음성을 녹음하여 텍스트로 변환 후 청각장애인 휴대폰 화면에 표시해 주고 청각장애인이 입력한 텍스트를 학습된 인공지능 코드에 전달하여 기계음을 추출한 뒤 일반인에게 전달하여 두 사람의 의사소통을 해결합니다. 또한 청각장애인을 위해 텍스트를 입력하는 시간을 단축하기 위해 자동완성 기능을 도입하였습니다.

■ 기대 효과

2014년 통계청에 의하면 우리나라에 등록된 청각장애인의 수는 255,399명이며 그 주변 지인들까지 고려해 보면 어마어마한 수치입니다. 이처럼 우리 주변에는 생각보다 많은 사람들이 통화로 인해 불편을 겪고 있으며 Telephone Viewer를 사용하게 된다면 청각장애인뿐만 아니라 언어장애인이나 말을 하거나 소리를 들을 수 없는 장소(회의실, 공공장소, 공연장 등)에서도 제2의 효과를 얻을 수 있습니다.

☆⋯⋯⋯⋯⋯⋯⋯⋯⋯⋯ 프로젝트 설명 ⋯⋯⋯⋯⋯⋯⋯⋯⋯⋯☆

■ 제품 사진

음성기능 사용 및 언어 선택: 음성을 텍스트로 바꿔 주는 기능을 활성화합니다.

자신이 원하는 언어를 선택할 수 있습니다.

채팅 화면: 통화 중에 주고받은 내용을 확인하거나 채팅을 보낼 수 있습니다.

상대방 및 나의 화면: 카메라를 통해 얼굴을 보며 통화할 수 있습니다.

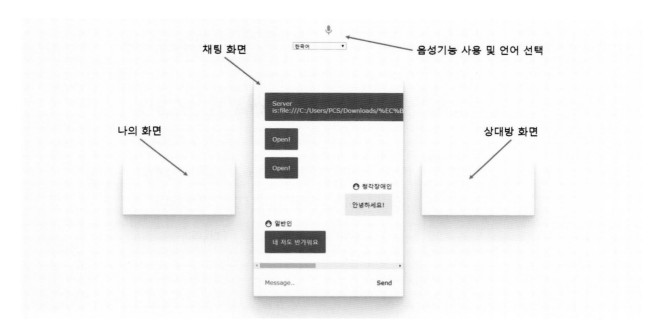

■ 제품 구성도

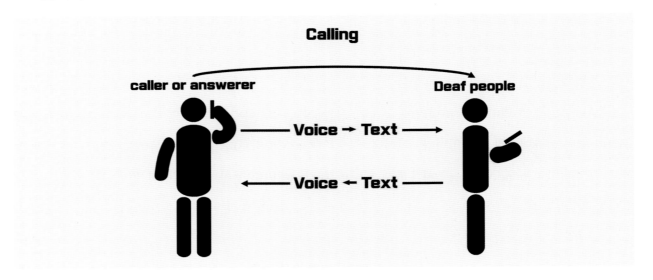

☆ ·················· 프로젝트 개발 과정 ·················· ☆

■ Telephone Viewer 동작 순서도

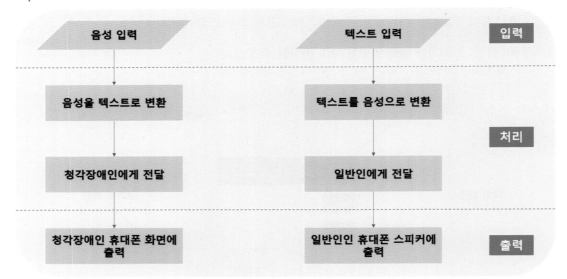

■ 개발 단계

1. 인공지능 데이터 수집 & 학습 단계

가. 시중에 지원하는 TTS(Text-To-Speech, 기계음 출력) API들이 많지만 말이 어눌하거나 정확한 발음

을 하기 어려워 자신의 목소리를 내지 못하는 청각장애인을 위해 자신이 원하는 목소리를 학습시켜 통화 안에서라도 자신이 원하는 음성으로 대화할 수 있도록 TTS 기능을 직접 만들면 청각장애인과 주변 지인(가족, 친구 등)들에게도 큰 힘이 될 수 있을 것 같아 음성합성 모델인 Tacotron을 사용해서 구현하기로 결정했습니다. 기계음을 출력하는 인공지능을 개발하기 위해 음성데이터를 수집합니다. 음성을 직접 장시간 녹음하여 사용하거나 인터넷에서 다량의 데이터를 다운받는 방법이 있는데, 저희는 kaggle 사이트에 공개되어 있는 KSS 자료를 다운받아 사용하였습니다. 시간이 넉넉하여 원하는 음성을 원한다면 직접 녹음하는 방법을, 시간이 충분하지 않다면 다운받는 것을 추천합니다. 또한 김태훈 님이 구현하신 'multi-speaker-tacotron-tensorflow'의 소스코드에는 손석희 아나운서와 탤런트 유인나 씨의 미리 학습된 모델을 다운로드할 수 있습니다(김태훈 님 프로젝트 Github: https://github.com/carpedm20/multi-speaker-tacotron-tensorflow).

〈 출처: https://www.kaggle.com/bryanpark/korean-single-speaker-speech-dataset 〉

나. 학습할 데이터를 형식에 맞게 배치해 주고 데이터 음성 내용을 모두 저장할 json 파일을 만들어 하나의 디렉토리를 만듭니다. 그 후 dataset을 생성합니다.

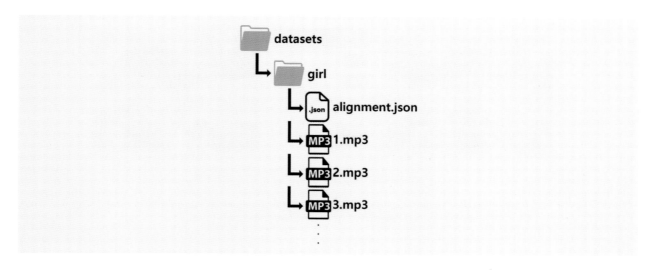

다. Tacotron2 음성합성 모델로 학습시킨 후 시각화된 데이터의 결과를 확인합니다. 아래의 학습데이터 사진처럼 데이터가 올라가는 형태가 되면 학습이 잘된 것입니다.

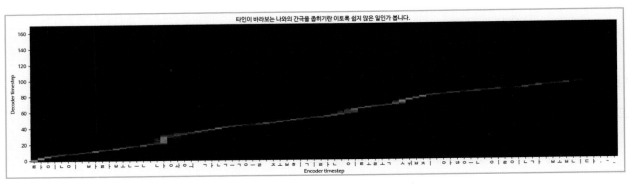

〈 출처: https://github.com/carpedm20/multi-speaker-tacotron-tensorflow 〉

## 2. 실시간 음성인식 및 자동완성 기능 제작

가. 정확한 인식률과 추후 다국어 지원을 위해 음성인식은 WebSpeechSTT API를 사용하였습니다. 해당 API를 파이썬 코드와 연동시켜 주피터 노트북에서 실행하였습니다. 말이 시작되는 위치와 끝나는 지점을 계산하여 실시간으로 데이터를 가져왔습니다.

나. 자동완성기능은 미리 학습하여 제공되고 있는 Dialogflow를 사용하여 제작하였습니다. 예상 질문들을 적용시켜 주면 해당 질문에 알맞은 답변을 손쉽게 입력할 수 있습니다.

## 3. WebRTC를 이용한 통화환경 구축 및 최종 완성 단계

가. 일반 통화 앱에서는 두 사람의 음성파일을 확인할 수 없기 때문에 WebRTC를 사용하여 통화 환경을 직접 손쉽게 제작하여 구축해 주고 이 안에 지금까지 만든 기능들을 적용시켜 줍니다.

[참고자료]
https://www.scaledrone.com/blog/webrtc-tutorial-simple-video-chat
https://www.scaledrone.com/blog/webrtc-chat-tutorial

## 팀 Telephone Viewer

부산컴퓨터과학고등학교 스마트소프트웨어과 2, 3학년과 공통계열 1학년 각각 한 명씩 구성된 팀입니다. 많이 미숙하고 배워야 될 부분도 많았지만 잘 풀리지 않는 게 있으면 포기하지 않고 서로 도와 가며 프로젝트를 완성했습니다.

■ 프로젝트를 시작하면서

지하철 안에서 우연히 문제를 찾고 프로젝트를 만들고 싶었지만 혼자서는 만들어 낼 수 없다고 판단하여 주변 지인들에게 제 경험을 소개해 주고 열심히 프로젝트를 개발하고 싶다는 학생 두 명과 함께 프로젝트를 개발하게 되었습니다. 그러나 막상 시작해 보니 공부해야할 양도 어마어마하고 오류가 나올 때마다 정말 힘들었지만, 상상한 것들을 현실로 옮길 수 있다는 설렘에 힘들어도 꾹 참고 이겨 낼 수 있었습니다.

■ 프로젝트를 진행하면서

머릿속으로 생각하는 것들이 바로바로 될 줄 알았지만 생각보다 신경 써야 되는 부분들이 많고 통화 중 녹음을 하는 경우에는 기능 자체가 막혀 있어 직접 통화앱을 구현해야 하는 등 처음에는 많은 시행착오가 있었습니다. 하지만 모두 원하는 답을 찾을 때까지 쉬지 않고 열심히 검색을 하여 이 프로젝트에 적합한 인공지능모델이나 API를 찾을 수 있었고 수많은 블로그 및 유튜브 강좌를 보며 공부하여 마침내 좋은 결과물을 만들 수 있었습니다.

■ 프로젝트를 끝내면서

애플리케이션, 웹 디자인, 서버 등과 같은 새로운 분야나 그에 맞는 새로운 언어도 공부해야 해서 처음에는 '이 많은 걸 다 완성할 수 있을까?'라는 걱정이 머릿속에 가득했으나, 서로 자신이 할 분야를 정하여 자신이 맡은 분야만 집중적으로 공부하여 개발해 프로젝트를 완성할 수 있었습니다. 자동완성 기능이나 음성인식은 직접 구현하지 못한 점과 텍스트를 음성으로 바꿔 주는 TTS 기능은 약간의 로봇 소리가 나와 아쉬웠습니다. 하지만 이로 인해 청각장애인도 통화를 할 수 있고 통화 안에서만큼은 자신이 원하는 소리를 낼 수 있었기에 이 애플리케이션을 사용할 사람들을 생각하면 너무나 뜻깊은 경험을 한 것 같아 기분이 좋습니다.

## 66 앞으로 우리는… 99

앞으로 Telephone Viewer는 다양한 언어를 지원하여 국내뿐만 아니라 해외에도 사용할 수 있는 시스템을 개발할 것이며, 이 기능을 더 활용하여 통화번역 기능과 수화인식 등을 제작하여 일상생활의 불편함을 해결하는 데 기여할 것입니다.

"저는 미래 인공지능 사회에서 인공지능을 활용하여 모두에게 도움이 되는 상품을 만들고 싶으며 또한 제가 전문적으로 하고 있는 게임 개발에도 접목시켜 딱딱하고 단순한 패턴을 지닌 AI가 아닌 유저의 능력에 따라 학습하고 성장하여 보다 좋은 AI로 유저의 마음을 사로잡을 수 있는 개발자가 되고 싶습니다."

"저는 미래 인공지능 사회에서 제가 전문적으로 하고 있는 웹과 함께 활용하여 방문자들의 취향에 맞는 상품을 골라 주고 상담을 해 주는 등 사람이 하는 일을 인공지능이 대신하는 기능을 제작해 보고 싶습니다."

"저는 미래 인공지능 사회에서 먼 훗날 인공지능을 배우고 싶은 사람들이 인공지능을 사용할 수 있게 Google의 Tensorflow나 Tacotron처럼 저 만의 인공지능 모델을 개발하고 소스를 공개하여 인공지능의 발전에 기여하고 싶습니다."

"저는 미래 인공지능 사회에서 인공지능 개발에 더 이바지될 수 있도록 노력할 것이고, 사회 약자들에게 좀 더 간단하고 편리하게 이용할 수 있는 인공지능을 개발하여 사회 약자들로 하여금 일반 사람들과 다르다는 압박감에서 벗어나게 하고 싶습니다."

# 해양 생태계 보존을 위한 인공지능 쓰레기통

Trash Bin

해양 쓰레기로 피해받는 해양 동물을 위한

사람들을 위한

모두의 생태계를 위한

**팀명** : Newblown

더 나은 생태계를 위한 인공지능을 개발하겠습니다.

대기업 준비생

기획, 코딩, 디자인, 하드웨어 담당

공기업 준비생

기획, 코딩, 디자인, 하드웨어 외 담당

TB(Trash Bin)

이 프로젝트는 해양 쓰레기로 인해 폐사하는 해양 동물들의 개체 수를 줄이기 위해 거북이 형체의 제품이 바다 수면에서 헤엄쳐 다니면서 쓰레기를 수거하는 프로젝트입니다.

■ 문제 발견

〈 출처 : http://news.khan.co.kr/kh_news/khan_art_view.html?artid=201907220600045&code=610103 〉

최근 기사와 SNS에 해양 쓰레기를 먹고 죽는 해양 동물(거북이, 갈매기 등)에 관한 이야기가 눈에 띕니다. 해양 쓰레기 때문에 몇몇 해양 동물은 멸종위기에까지 처하게 됩니다. 문제를 발생시키는 해양 쓰레기를 수거하기 위해서는 많은 비용과 인원이 동원됩니다. 그래서 저희는 이 비용과 인적 자원의 사용을 줄이고 해양 쓰레기를 수거할 수 있는 방법을 고민하다가 이 프로젝트를 시작하게 되었습니다.

■ 해결 방법 제안

바다에 떠다니는 해양 쓰레기로 인해 발생하는 해양 동물의 폐사를 줄이기 위해 TB가 바다 수면을 헤엄쳐 다닙니다. 그리고 TB에 부착되어 있는 카메라로 해양 쓰레기인지 판별합니다. 만약 쓰레기가 감지되었을 땐 TB의 입구를 열어 쓰레기를 담습니다. 하지만 쓰레기가 아닐 경우에는 입구를 열지 않고 지나쳐 갑니다.

■ 기대 효과

해양 쓰레기에 대한 문제는 과거부터 주목을 받아 쓰레기의 양이 과거에 비해 많이 줄었지만, 쓰레기를 수거하기 위해서는 여전히 많은 비용이 발생합니다. 그 비용을 절감하기 위해 인적 자원 대신 이 인공지능 기술을 사용합니다. 이 기술로 전국의 바다뿐만 아니라 호수, 하수도 등의 쓰레기를 수거하여 수질오염을 줄이는 데 기여할 수 있습니다. 쓰레기를 정리함으로써 바다 동물들의 개체 수가 다시 증가할 것으로 기대됩니다.

☆┈┈┈┈┈┈┈┈┈ 프로젝트 설명 ┈┈┈┈┈┈┈┈┈☆

■ 제품 사진

〈 출처 : https://www.10x10.co.kr/shopping/category_prd.asp?itemid=12519533 〉

■ 제품 스펙

| 제품명 | TB(Trash Bin) |
|---|---|
| 정격 전압 | 5V |
| 외형치수 | 1,450 × 1,000 × 500 |
| 중량 | 4,750g |

* 단, 예측한 내용이므로 정확하지 않을 수도 있음.

■ TB 동작 순서도

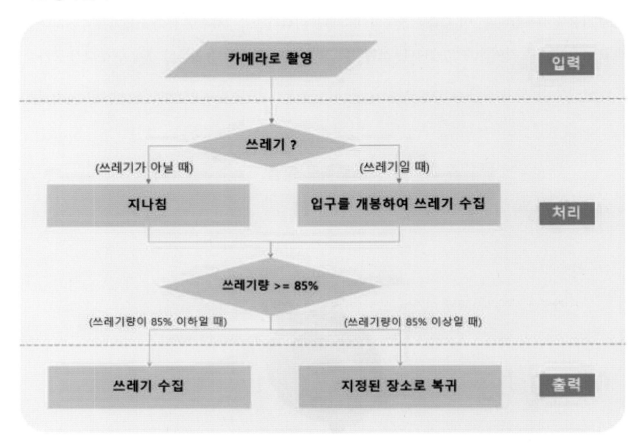

■ 개발 단계

1. 인공지능 데이터 추출&학습

   1) 인공지능을 학습시키기 위한 사진을 촬영합니다.

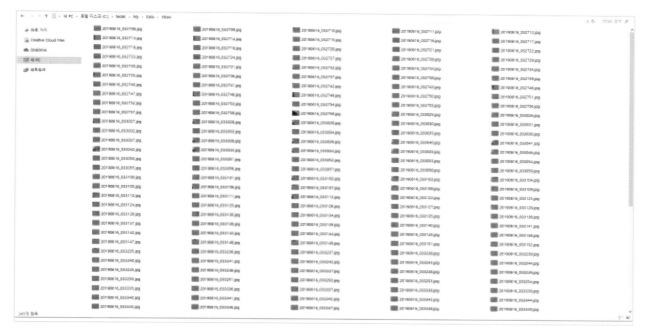

(물체를 잘 인식하기 위해 배경은 통일)

2) 촬영한 사진을 이용해 이것이 쓰레기임을 학습시킵니다.

```
c://testAI/My Data 빨대 0000048396_001_20180710171635598 (1).jpg
c://testAI/My Data 빨대 0000048396_001_20180710171635598.jpg
c://testAI/My Data 빨대 29465938337791220_1005409790.jpg
c://testAI/My Data 빨대 522_shop1_646613.jpg
c://testAI/My Data 빨대 80153896884161333_1115218188.jpg
c://testAI/My Data 빨대 PDP20181025176501848_P2_201811111121615527.jpg
c://testAI/My Data 빨대 v1.jpg
Epoch 1/10
250/250 [==============================] - 1s 5ms/step - loss: 0.3900 - acc: 0.9800
Epoch 2/10
250/250 [==============================] - 0s 2ms/step - loss: 0.1459 - acc: 0.9800
Epoch 3/10
250/250 [==============================] - 0s 2ms/step - loss: 0.1554 - acc: 0.9800
Epoch 4/10
250/250 [==============================] - 0s 2ms/step - loss: 0.1004 - acc: 0.9800
Epoch 5/10
250/250 [==============================] - 0s 2ms/step - loss: 0.0946 - acc: 0.9800
Epoch 6/10
250/250 [==============================] - 1s 2ms/step - loss: 0.0773 - acc: 0.9800
Epoch 7/10
250/250 [==============================] - 1s 2ms/step - loss: 0.0558 - acc: 0.9800
Epoch 8/10
250/250 [==============================] - 1s 2ms/step - loss: 0.0320 - acc: 0.9880
Epoch 9/10
250/250 [==============================] - 1s 2ms/step - loss: 0.0188 - acc: 0.9960
Epoch 10/10
250/250 [==============================] - 0s 2ms/step - loss: 0.0052 - acc: 1.0000
c://testAI/My/model.json
```

## 2. 카메라를 이용한 쓰레기 인식

1) 인공지능을 학습한 것을 토대로 쓰레기를 인식하는지 테스트합니다.

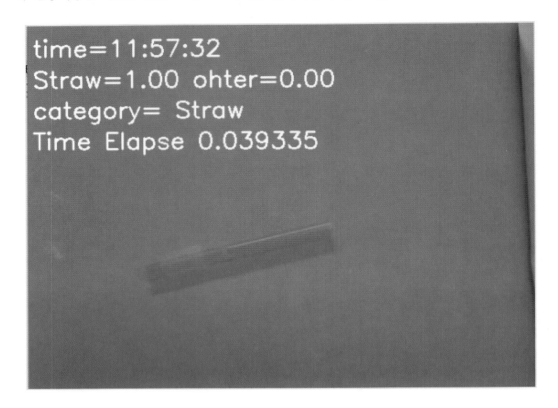

위 화면의 설명은 다음과 같습니다.

time : TB가 작동할 때 보이는 현재 시각

Straw : 빨대 (쓰레기), 값은 1과 0 사이의 값으로 표기된다.

other : 쓰레기 외의 물체

category : 인식된 물체의 분류

## 팀 Newblown

덕영고등학교 소프트웨어과에 재학 중인 있는 3학년 2명으로 구성되었습니다. 저희는 서로 원하는 진로와 분야가 달랐습니다. 하지만 인공지능을 사용하여 문제를 해결하고자 하는 마음이 같아 팀이 결성되었고, 인공지능에 대해 모르는 것이 있으면 주변 사람들에게 물어보거나 인터넷을 찾아보며 공부하고 있습니다.

### ■ 프로젝트를 시작하면서

저희 팀의 시작은 저 혼자였습니다. 저는 평상시와 같이 인터넷을 하던 도중 해양 쓰레기로 인해 죽는 해양 동물에 대한 뉴스를 보았습니다. 그 폐사한 해양 동물의 사진 속엔 수많은 쓰레기가 있었습니다. 이로 인해 해양 쓰레기에 대해 심각성을 느끼던 중 나와 같은 생각을 하고 있던 친구를 찾게 되었습니다. 그래서 그 친구와 함께 문제 해결에 대해 깊게 생각해 보았지만, 아이디어가 쉽게 나오는 것은 아니었습니다. 하지만 그 아이디어를 찾고 해결하는 과정이 너무 즐거웠습니다.

### ■ 프로젝트를 진행하면서

CV에 미숙하다 보니 데이터를 직접 촬영하고 컴퓨터에 학습을 시키는 것까지는 좋았으나, 여러 가지의 쓰레기들을 학습시키고 인식하는 것과 컴퓨터와 아두이노, 라즈베리파이에 연결하는 것이 가장 어려웠습니다. 그래서 여러 가지 쓰레기를 모두 학습시키는 것보다 한 가지의 쓰레기부터 학습을 시켰습니다.

### ■ 프로젝트를 끝내면서

이 프로젝트를 완성하기 위해서는 마이크로비트와 인공지능 모델이 필요했습니다. 인공지능 기술 중 CV를 활용하기로 하였는데, 처음 보는 것도 많고 어떻게 할 줄 몰라 많은 어려움이 있었습니다. 하지만 팀원 모두 이 프로젝트를 성공시키고 싶은 마음이 컸던 것인지 이 어려움을 해결하기 위해 주변 사람들에게 질문하고 인터넷을 찾아보면서 한 가지씩 어려움을 해결해 나갔습니다. 그로 인해 프로젝트 성공에 한 걸음씩 다가갈 수 있게 되었고, 모두 처음보다 더 성장한 모습을 보며 뿌듯함을 느꼈습니다. 하지만 완전한 형체를 만들지 못해 아쉬웠습니다.

## ❝ 앞으로 우리는… ❞

앞으로 우리 팀은 해양 쓰레기를 줄이기 위해 개발한 TB를 좀 더 구체화시켜 이 인공지능이 우리나라뿐만 아니라 다양한 해양에서 사용되어 해양 쓰레기로 인해 폐사하는 바다 생물의 개체 수를 줄일 것입니다. 또한, 해양 생태계뿐만 아니라 모든 생태계가 복원될 수 있도록 노력하겠습니다.

"저는 미래 인공지능 사회에서 인공지능과 아두이노, 라즈베리파이 등을 결합하여 저뿐만 아니라 많은 사람이 좀 더 편하게 살 수 있기 위한 무언가를 개발하고 싶습니다. 그래서 사람들과 소통하며 지금의 문제점이 무엇인지 판단하고 지식을 공유하며 인공지능과 라즈베리파이 등에 대한 지식을 지금보다 더 공부하고 싶습니다."

"저는 미래 인공지능 사회에서 제가 하고 싶은 일과 인공지능을 접목시킬 것입니다. 또한, 일상생활에서 불편했거나 필요하다고 생각하는 부분이 생기면 그 부분을 개선할 수 있도록 지금보다 더 자세하게 사람들과 지식을 공유하며 인공지능을 공부하고 싶습니다."

**07**

# 모두의 교육을 위한 인공지능

학교에 부족한 기자재 정보 공유 시스템

올해도 모두 평등한 교육을!

## 올해도 All Edu

학교의 정보를 수집합니다.

기업체에게 정보를 제공합니다.

**팀명 :** 올해도 All Edu!

평등한 교육이 이루어질 때까지 개발하겠습니다.

[ 왼쪽부터 개콘 최효종, 알파카, sfda, 문디기]

• 개콘 최효종 : 웹, 데이터베이스 개발

• 알파카 : 기획, 데이터 수집 및 보조 개발

• 문디기 : 기획, 기업 추천 시스템 개발

• sfda : 웹 보조 개발 및 디자인

**올해도 All Edu**

"올해도 All Edu"는 기자재가 없어서 본인이 원하는 교육을 받지 못했던 학생들을 위해 환경 구축을 도울 수 있는 기업체와 학교를 연결시켜 주는 서비스입니다.

■ 문제 발견

학교란 학생들이 지식을 키워 나가는 곳입니다. 그런데 학교에 기자재가 부족하여 학생이 원하는 교육을 받지 못하는 경우가 있습니다. 예를 들어 IT 관련 공부를 하고 싶지만 학교에 학생용 PC가 설치되어 있지 않다거나 제과제빵을 공부하고 싶지만 학생이 자유롭게 쓸 수 있는 오븐이 구비되어 있지 않다는 등의 문제점이 있습니다. 학생들에게 다양한 교육을 제공하지 못하고 있는 것은 특정 학교의 문제가 아닌 전 세계 학교의 문제점입니다. 저희 팀은 학생이 학교 기자재 부족으로 인해 도전하지 못하는 상황은 없어져야 한다고 생각했습니다.

그렇기 때문에 전 세계 모든 학생에게 좋은 교육환경을 제공해 주기 위해 이 프로젝트를 시작하게 되었습니다.

■ 해결 방법 제안

위 문제를 해결하기 위해 팀에서 직접 돈을 모아 아이들에게 기자재를 기부하기에는 무리가 있었습니다. 또한 컴퓨터조차 제대로 구비되어 있지 않은 곳에 인공지능을 활용한 교육 소프트웨어를 개발하여도 학생이 이용하기에는 무리가 있어 보였습니다.

학교가 부족한 기자재 정보를 공개하면 기업이 본사의 상품을 학교에 기부하여 학교는 기자재를 얻고, 기업은 상품 홍보 및 사회적 이미지 상승 등 양쪽이 이득을 취할 수 있었으면 좋겠다고 생각하였습니다. '올해도 All Edu' 웹 페이지에 부족한 기자재, 비품 등 정보를 입력하여 정보를 수집합니다. 입력된 정보를 바탕으로 AI는 기자재와 알맞은 기업을 추천한 후, 각 기업에 학교 정보와 기자재 정보를 보내 주어 기업체들의 기부 혹은 협력을 유도하여 학생들에게 부족함이 없도록 할 것입니다.

■ 기대 효과

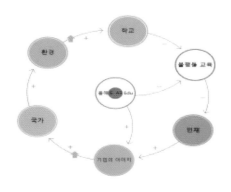

▲ 올해도 All Edu 시스템 맵

올해도 All Edu는 불평등 교육을 줄이고, 기업의 사회적 이미지를 향상시킵니다.

어려운 학교의 기자재를 기업체에서 본사의 상품을 통하여 도움을 줌으로써 기업은 제품 홍보, 사회적 이미지를 향상시킬 수 있습니다.

학교는 기업에게 기자재를 제공받아 학생들에게 더더욱 풍족한 교육을 제공합니다.

☆⋯⋯⋯⋯⋯⋯⋯ 프로젝트 설명 ⋯⋯⋯⋯⋯⋯⋯☆

■ 제품 사진 및 제품 구성도

▲ 올해도 All Edu 웹 페이지 사진

학교는 부족한 기자재를 웹 사이트에 입력합니다.

▲ 데이터베이스 정보 사진

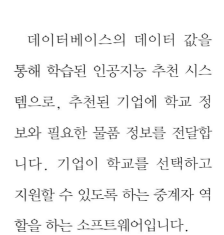

데이터베이스의 데이터 값을 통해 학습된 인공지능 추천 시스템으로, 추천된 기업에 학교 정보와 필요한 물품 정보를 전달합니다. 기업이 학교를 선택하고 지원할 수 있도록 하는 중계자 역할을 하는 소프트웨어입니다.

- 올해도 All Edu 작동 순서도

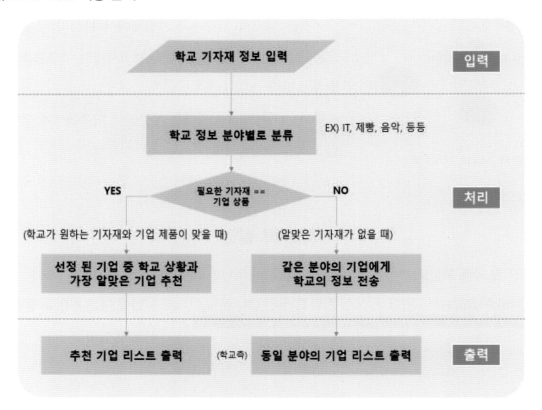

웹페이지를 통해 지속적으로 데이터들을 수집할 것입니다. 그 후 Tensor Flow 모듈을 사용하여 데이터들을 분석하고, 분석한 자료를 통해 학교 상황에 맞추어 적절한 기업을 추천해 주는 추천 인공지능을 개발할 것입니다.

개발 이후에도 지속적으로 유지 보수를 할 계획이며, 기사 작성 AI를 참고하여 학교 상황 이메일(E-mail)로 간단하게 작성하여 보낼 수 있는 AI도 추후 개발할 것입니다. 또한 학교뿐만 아니라 기업체도 그에 맞는 이득을 얻을 수 있도록 계속 생각할 것입니다.

## 팀 올해도 All Edu

미래의 개발자, 소프트웨어 보안 전문가 등이 모인 덕영고등학교 올해도 All Edu팀입니다.

학년, 나이와 무관하게 서로 배우며 더 성장할 수 있도록 개발하고 있습니다. 미래 IT 직종을 꿈꾸는 만큼 서로 같은 분야 지식을 나누며 즐겁게 개발할 수 있었습니다.

### ■ 프로젝트를 시작하면서

저희 팀원도 하나의 프로젝트를 시작하려 할 때 항상 부품이 없어 시작하지 못하거나, 프로젝트를 바로 시작하지 못한 경험이 있습니다. 이는 비단 국내뿐만 아니라 외국에서도 학생들에게 다양한 교육을 제공해 줄 여건이 갖춰져 있지 않은 학교가 많았습니다. 그래서 이를 해결하기 위해 평소 소프트웨어 개발에 관심이 있는 학생이 모여 프로젝트를 진행하게 되었습니다. 팀원 모두 인공지능을 처음 접해 초반에는 많이 어려워했습니다. 이때 저희 팀은 학년 상관없이 먼저 이해한 사람이 다른 팀원을 알려 주며 지식을 공유했습니다. 이 덕분에 후에 조금 더 편하게 의사소통을 할 수 있었고, 모르는 것이 있어도 혼자 고민하지 않고 팀원들과 협업하여 문제를 해결할 수 있었습니다.

### ■ 프로젝트를 진행하면서

개발 과정에서 인공지능을 학습시킬 예제 데이터가 필요했기 때문에 학교 홈페이지에서 데이터를 찾아보던 도중 학교 기자재 데이터는 공개하고 있지 않다는 사실을 알게 되었습니다. 그래서 학생들에게 필요한 기자재는 없는지 설문을 돌리거나 직접 입력하는 등 데이터 수집에 어려움을 겪었습니다.

### ■ 프로젝트를 끝내면서

학교 기자재 상황과 맞는 기업 추천 시스템을 개발하다가 추천 알고리즘 선택을 잘못해서 처음부터 다시 개발해야 하는 상황이 있었습니다. 저희는 이때 각자 할 일을 분담한 후 인내심을 가지고 처음부터 알고리즘을 찾아보고, 의논한 후 새로운 알고리즘을 찾아 개발해 나갔습니다. 이 과정에서 정규 AI 수업 때 배웠던 알고리즘 이외의 다양한 알고리즘이 있다는 것을 알 수 있었습니다. 또한 의견 충돌이 일어나면 서로 적극적으로 의견을 제시하며 해결 방안을 찾아 나갔습니다. 이 프로젝트를 통해 새로운 지식으로 팀원들과 의논하여 갈등을 해결하는 과정을 배울 수 있었습니다.

## " 앞으로 우리는… "

올해도 All Edu를 유지 보수하며, 모든 아이가 평등한 교육을 받고 자신의 적성에 맞는 꿈을 찾아 이룰 수 있도록 개발해 나갈 것입니다.

"소프트웨어 개발자를 목표로 공부하다가 인공지능 교육을 접하게 되었습니다. 컴퓨터에 학습을 시킨다는 개념 자체가 재미있고, 제가 도전해 볼 수 있는 분야가 늘어나는 것이 좋았습니다. 이를 이용하여 평소 사람들이 쉽게 말하던 '아, 이런 건 컴퓨터가 알아서 해 줬으면 좋겠다.'라는 것을 아이디어로 만들어 직접 개발해 보고 싶습니다."

"앞으로 저는 인공지능이라는 것에 조금 더 관심을 두고, 인공지능이라는 기술로 사람들을 얼마나 이롭게 할 수 있을까 연구를 하며, 영화처럼 나쁜 인공지능이 아닌, 사람에게 이로운 인공지능을 만들 것입니다."

"저는 미래 인공지능 사회에서 모든 사람들이 똑같은 출발선에서 시작할 수 있게끔 도와주는 인공지능 기술을 만들어 내어 모두가 자신의 노력과 능력만으로 자신이 하고 싶은 것만 할 수 있는 사회를 만들기 위해 인공지능 기술을 열심히 배울 것입니다."

"AI에 대해 공부하다 보니 인공지능은 웬만한 프로그램이 딥러닝이 필요하단 것을 알게 되었습니다. 딥러닝에 대해 흥미가 생겼고, 스스로 학습하면서 문제점을 고쳐 나가며 발전하는 인공지능을 만들어 보고 싶습니다. AI를 만들어서 돌려보며 제가 원하는 방향으로 흘러가는 프로그램을 만드는 것이 목표입니다."

# PART 3

# 인공지능 기술을 배우기 위한 가상 학습 환경 설치

- 인공지능 기술을 배우기 위한 가상 학습 환경을 구축할 수 있다.
- 인공지능 기술을 배우기 위해 필요한 프로그램에 대해 설명할 수 있다.
- 인공지능 기술 활용 소셜임팩트 창출 도전 프로젝트를 완성할 수 있다.

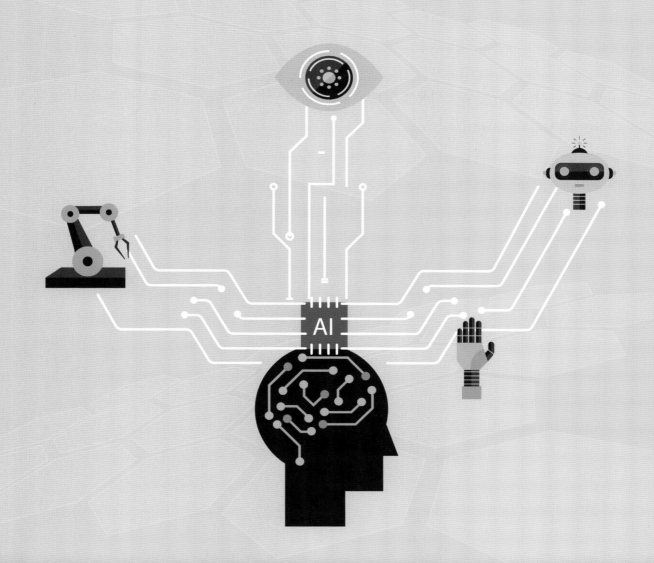

# 가상 학습 환경 구축

**활동목표**

- 인공지능 기술을 배우기 위한 가상 학습 환경을 구축할 수 있다.
- 인공지능 기술을 배우기 위한 가상 학습 환경에 대해 설명할 수 있다.

**준비물** ··········☆

- 지도자용: 지도자용 PPT
- 학습자용: 개인 노트북, 인터넷 활용이 가능한 환경, 필기도구

**토의하기** ··········☆

- 인공지능 기술을 구현하기 위해서 어떤 프로그램들이 이용되고 있는지를 조사해 보고 여러분의 생각을 아래에 적어 보세요.

■ 인공지능교육을 위한 가상 학습 환경 (Virtual Environment for AI education)

　인공지능 기술을 구현해 보기 위해서는 다양한 프로그램과 라이브러리들이 필요합니다. 이러한 프로그램들은 우리가 사용하는 컴퓨터의 시스템과 충돌을 일으킬 수도 있습니다. 여러 가지 이유에서 프로그램을 구현할 때 해결해야 할 많은 문제와 만날 수 있습니다. 이러한 문제들 중에는 일반인이 쉽게 해결하기 어려운 문제가 있을 수도 있습니다. 따라서 우리가 사용하는 컴퓨터에 인공지능 학습만을 위한 별도의 가상공간을 만들어 학습해 보려고 합니다. 우리는 이것을 앞으로 '가상 학습 환경'으로 부르고자 합니다.

　'가상 학습 환경'은 다음 단계로 설치합니다.

| 단계 | 내용 | 내용 |
|:---:|:---:|:---|
| 1 | Anaconda<br>(아나콘다) | – Anaconda 설치<br>https://www.anaconda.com/distribution/ |
| 2 | 가상 환경 생성<br>(conda create) | – 'testAI'라는 가상 학습 환경을 만든다.<br>　conda create --name testAI python = 3<br>– 윈도 탐색기에서 'testAI' 폴더 만들기<br>　'C:\testAI' |
| 3 | 필요 라이브러리 | – 넘파이(Numpy) 설치<br>　pip install numpy<br>– 판다스(Pandas) 설치<br>　pip install pandas<br>– 오픈CV(OpenCV) 설치<br>　pip install opencv-python<br>– 텐서플로우(Tensorflow) 설치<br>　conda install tensorflow<br>– 케라스(Keras) 설치<br>　conda install keras<br>– 파이씨리얼(Pyserial) 설치<br>　pip install pyserial |

# Anaconda(아나콘다) 설치하기

인공지능을 배우기 위해서 어떤 프로그래밍 언어를 배워야 할까요? 사람들이 많이 사용하는 언어를 선택하면 됩니다. 그러면 여러분이 공부할 때 참고할 만한 자료를 쉽게 찾을 수 있습니다. 아래 도표는 IEEE에서 2018년 Top Programming Languages를 발표한 내용입니다. 파이썬, C++, Java 순으로 나타났습니다. 또 하나의 고려 사항은 여러분이 배우기 쉬어야 한다는 것입니다. 그리고 무료로 사용할 수 있으면 더욱 좋겠습니다. 이러한 점들을 고려하여 최근에는 인공지능 공부를 시작하는 사람들이 파이썬을 많이 배우고 있습니다. 여러분들도 파이썬을 이용해서 인공지능 프로젝트를 개발하게 될 것입니다.

| Language Rank | Types | Spectrum Ranking |
|---|---|---|
| 1. Python | 🌐 🖥️ ▮ | 100.0 |
| 2. C++ | 📱 🖥️ ▮ | 99.7 |
| 3. Java | 🌐 📱 🖥️ | 97.5 |
| 4. C | 📱 🖥️ ▮ | 96.7 |
| 5. C# | 🌐 📱 🖥️ | 89.4 |
| 6. PHP | 🌐 | 84.9 |
| 7. R | 🖥️ | 82.9 |
| 8. JavaScript | 🌐 📱 | 82.6 |
| 9. Go | 🌐 🖥️ | 76.4 |
| 10. Assembly | ▮ | 74.1 |

〈 출처: https://spectrum.ieee.org/ 〉

파이썬은 1991년, 네덜란드 수학자 귀도 반 로섬에 의해 개발되었다고 합니다. 파이썬의 핵심 철학을 보면 파이썬 언어에 대해 조금은 이해할 수 있을 것입니다.

---

1)  https://spectrum.ieee.org/at-work/innovation/the-2018-top-programming-languages

2)

파이썬의 핵심 철학은

"아름다운 게 추한 것보다 낫다(Beautiful is better than ugly)."

"명시적인 것이 암시적인 것보다 낫다(Explicit is better than implicit)."

"단순함이 복잡함보다 낫다(Simple is better than complex)."

"복잡함이 난해한 것보다 낫다(Complex is better than complicated)."

"가독성은 중요하다(Readability counts)."

    파이썬은 함께 사용할 수 있는 라이브러리가 매우 풍부합니다. 파이썬은 다양한 라이브러리를 이용할 수 있고 수치를 빠르게 연산할 수 있기 때문에 과학, 공학 분야에서 많이 이용되고 있습니다. 라이브러리 내용이나 이용 방법 등에 대해서도 배우게 될 것입니다.

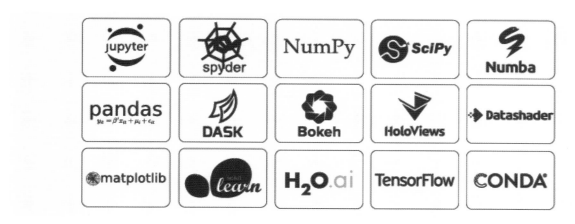

    위의 내용에서 살펴보았듯이 여러분이 인공지능을 배우기 위해서는 파이썬 프로그램과 여러분의 프로젝트 개발에 필요한 라이브러리를 설치하여야 합니다. 이를 가장 쉽게 해결해 줄 플랫폼으로 아나콘다를 사용합니다. 아나콘다는 1,500개 이상의 파이썬/R 데이터 과학 패키지를 한꺼번에 설치해 줍니다.

---

2)   https://ko.wikipedia.org/wiki/파이썬

여러분이 인공지능 기술을 활용하여 세상의 문제를 해결하기 위해서는 세상의 문제를 잘 찾아내는 것이 가장 중요합니다. 그리고 그것을 해결하기 위한 인공지능 기술 개발의 전문성을 갖추어 가야 합니다. 그러기 위해서는 인공지능 학습을 할 수 있는 가상 학습 환경의 구축이 필수입니다. 다음의 단계로 가상 학습 환경을 구축해 봅니다.

step 1  아나콘다 다운받기

step 2  아나콘다 설치하기 및 실행하기

〈 이미지 출처: https://www.anaconda.com/distribution/#download-section 〉

### Step 1  아나콘다 다운받기

[ 설치 전 주의사항 ]
내 컴퓨터에 파이썬, 아나콘다 등이 설치되어 있다면 프로그램 추가/삭제에서 완전히 삭제 후 시작합니다.

'https://www.anaconda.com/distribution/' 웹페이지 주소를 크롬 브라우저에 입력하여 아나콘다 다운로드 사이트로 이동합니다. Download(❶)를 클릭하여 다운로드 페이지로 이동한 후 Python 3.7 버전 Windows [64-bit(installer)](❷)를 클릭하여 다운받습니다.

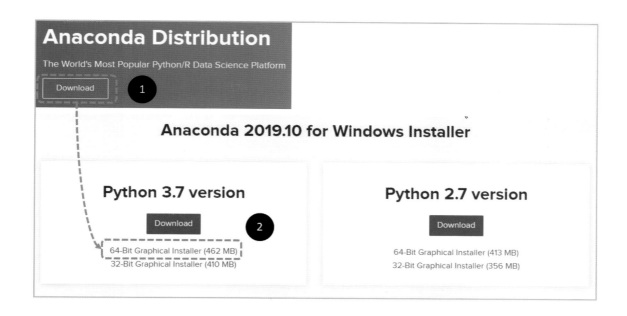

Step 2 **아나콘다 설치하기 및 실행하기**

다운받은 아나콘다 설치 파일의 위치를 확인합니다.

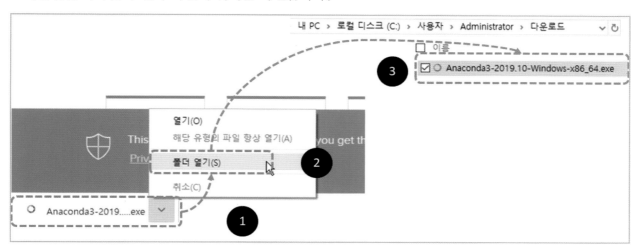

　아나콘다 설치 파일(❶)을 더블클릭하여 실행합니다. Setup 창이 나타나면 [Next] 버튼을 클릭(❷)하여 설치를 시작합니다. 라이센스 동의 창에서 [I Agree]버튼을 클릭(❸)하여 다음으로 이동합니다.

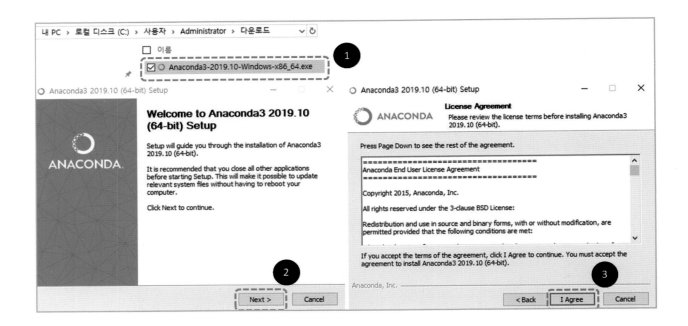

Select Installation Type 설치 옵션에서 [ All Users(requires admin privileges) ] 선택하고 [Next] 버튼을 클릭하여 다음으로 이동합니다. 설치 디렉터리는 default로 'c:/ProgramData/Anaconda3'로 설정됩니다. 만약 디렉터리가 다르다면 같게 설정해 주어야 합니다.

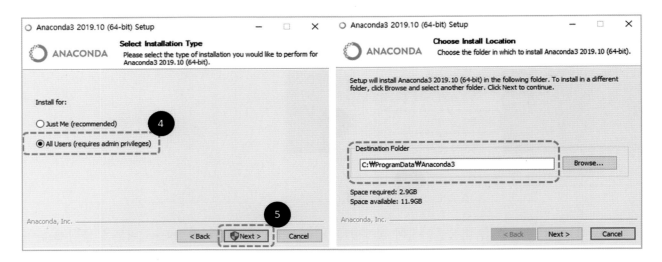

고급옵션(Advanced Options)에서 두 옵션을 모두 선택한 후 [Install] 버튼을 클릭하면 설치가 진행되고 설치 과정을 확인할 수 있는 창이 나타납니다. 안내에 따라 설치를 완료합니다.

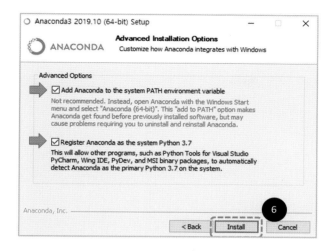

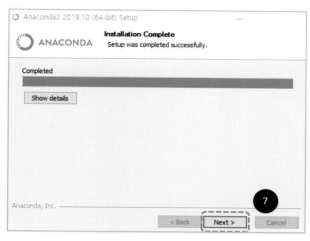

설치가 완료되었다면 Anaconda Prompt를 관리자 권한으로 실행합니다. 윈도 시작 버튼을 클릭하고, 다음 이미지를 참고하여 순서대로 실행합니다.

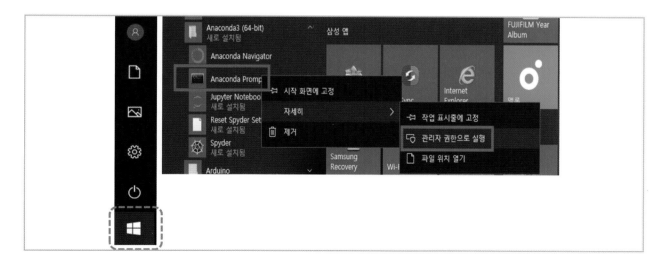

# 가상 학습 환경 구축하기

Activity1에서 가상 학습 환경 구축을 위한 아나콘다 설치를 완료하였습니다. 이번 Activity에서는 가상 학습 환경을 만들고 앞으로 학습에 필요한 라이브러리들을 설치합니다.

그럼, 단계에 따라 가상 학습 환경을 구축해 봅시다.

step 1  가상 환경 생성하기 및 학습 폴더 만들기

step 2  필요 라이브러리 설치하기

step 3  가상 학습 환경 테스트하기

### Step 1  가상 환경 생성하기 및 학습 폴더 만들기

여러분이 앞으로 학습할 폴더를 먼저 만듭니다. 사용하기 쉽고 이해가 쉽게 인공지능 학습 테스트 공간의 의미로 'C : \testAI'로 하겠습니다.

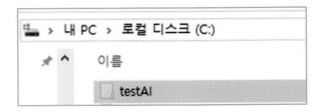

이제 인공지능 프로그래밍 학습만을 위한 가상공간을 만들겠습니다.

Anaconda Prompt 콘솔을 관리자 권한으로 실행합니다. 아래 명령을 차례로 입력하여 실행합니다. 만들어질 가상공간의 이름은 'testAI'로 여러분이 만든 학습 폴더 이름과 같은 이름으로 합니다.

(base) C : \WINDOWS \system32〉cd\

(base) C : \〉cd testAI

(base) C : \testAI〉conda create −−name testAI python=3 ❶

```
(base) C:\Windows\System32>cd\

(base) C:\>cd testAI

(base) C:\testAI>conda create --name testAI python=3    ①
```

Package Plan에 대한 안내로 어떤 프로그램들이 추가되고 업데이트될 계획인지에 대해 자세히 안내하고 있습니다. 아직은 용어들이 낯설겠지만 내용을 잘 살펴보도록 합니다.

```
Collecting package metadata (current_repodata.json): done
Solving environment: done

## Package Plan ##

  environment location: C:\ProgramData\Miniconda3\envs\testAI

  added / updated specs:
    - python=3
```

다운로드되고 설치될 목록을 확인했으면 설치를 진행하기 위해서 ②에서 'y'를 입력하고 엔터키를 누릅니다.

```
The following packages will be downloaded:

    package                    |            build
    ---------------------------|-----------------
    ca-certificates-2019.10.16 |                0         163 KB
    certifi-2019.9.11          |           py38_0         155 KB
    openssl-1.1.1d             |       he774522_3         5.7 MB
    pip-19.3.1                 |           py38_0         1.9 MB
    python-3.8.0               |       hff0d562_0        19.5 MB
    setuptools-41.4.0          |           py38_0         690 KB
    sqlite-3.30.1              |       he774522_0         962 KB
    wheel-0.33.6               |           py38_0          58 KB
    wincertstore-0.2           |           py38_0          15 KB
    ---------------------------|-----------------
                                           Total:        29.1 MB

The following NEW packages will be INSTALLED:

  ca-certificates    pkgs/main/win-64::ca-certificates-2019.10.16-0
  certifi            pkgs/main/win-64::certifi-2019.9.11-py38_0
  openssl            pkgs/main/win-64::openssl-1.1.1d-he774522_3
  pip                pkgs/main/win-64::pip-19.3.1-py38_0
  python             pkgs/main/win-64::python-3.8.0-hff0d562_0
  setuptools         pkgs/main/win-64::setuptools-41.4.0-py38_0
  sqlite             pkgs/main/win-64::sqlite-3.30.1-he774522_0
  vc                 pkgs/main/win-64::vc-14.1-h0510ff6_4
  vs2015_runtime     pkgs/main/win-64::vs2015_runtime-14.16.27012-hf0eaf9b_0
  wheel              pkgs/main/win-64::wheel-0.33.6-py38_0
  wincertstore       pkgs/main/win-64::wincertstore-0.2-py38_0

Proceed ([y]/n)?    ②
```

설치가 완료되면 아래 이미지의 노란색 점선에서처럼 가상 환경 활성화 및 비활성화를 위한 명령어가 'conda activate testAI, conda deactivate'임이 안내됩니다.

```
Downloading and Extracting Packages
certifi-2019.9.11    | 155 KB    | ###################### | 100%
wheel-0.33.6         | 58 KB     | ###################### | 100%
wincertstore-0.2     | 15 KB     | ###################### | 100%
ca-certificates-2019 | 163 KB    | ###################### | 100%
openssl-1.1.1d       | 5.7 MB    | ###################### | 100%
sqlite-3.30.1        | 962 KB    | ###################### | 100%
setuptools-41.4.0    | 690 KB    | ###################### | 100%
python-3.8.0         | 19.5 MB   | ###################### | 100%
pip-19.3.1           | 1.9 MB    | ###################### | 100%
Preparing transaction: done
Verifying transaction: done
Executing transaction: done
#
# To activate this environment, use
#
#     $ conda activate testAI
#     ------------------------
# To deactivate an active environment, use
#
#     $ conda deactivate
#     ------------------------

(base) C:\testAI>_
```

가상 환경을 활성화시키면 (base)❶에서 (testAI)❷으로 바뀌는 것을 확인할 수 있습니다. (testAI)가 가상 환경 활성화 상태임을 기억해 두기 바랍니다.

또한 설치 완료된 내용의 정보를 ③에서처럼 conda info 명령을 이용하여 확인할 수 있습니다. 설치된 conda version과 python version을 확인해 보도록 합니다.

```
(testAl) C:\testAl>conda info    ③
                active environment : testAl
             active env location : C:\ProgramData\Anaconda3\envs\testAl
                    shell level : 2
               user config file : C:\Users\Administrator\.condarc
          populated config files : C:\Users\Administrator\.condarc
                 conda version : 4.7.12
           conda-build version : 3.18.9
               python version : 3.7.4.final.0
             virtual packages :
              base environment : C:\ProgramData\Anaconda3  (writable)
                  channel URLs : https://repo.anaconda.com/pkgs/main/win-64
                                 https://repo.anaconda.com/pkgs/main/noarch
                                 https://repo.anaconda.com/pkgs/r/win-64
                                 https://repo.anaconda.com/pkgs/r/noarch
                                 https://repo.anaconda.com/pkgs/msys2/win-64
                                 https://repo.anaconda.com/pkgs/msys2/noarch
                 package cache : C:\ProgramData\Anaconda3\pkgs
                                 C:\Users\Administrator\.conda\pkgs
                                 C:\Users\Administrator\AppData\Local\conda\conda\pkgs
              envs directories : C:\ProgramData\Anaconda3\envs
                                 C:\Users\Administrator\.conda\envs
                                 C:\Users\Administrator\AppData\Local\conda\conda\envs
                     platform : win-64
                   user-agent : conda/4.7.12 requests/2.22.0 CPython/3.7.4 Windows/10 Windows/10.0.17134
                administrator : True
                   netrc file : None
                 offline mode : False
```

**Step 2** 필요 라이브러리 설치하기

이제 가상 환경 설치가 완료되었습니다. 지금부터는 인공지능 학습에 필요한 라이브러리들을 설치합니다. 아래 명령을 참고하여 가상 환경을 활성화시킵니다.

> – 가상 환경 활성화 명령: conda activate testAl ❶
>
> – 가상 환경 비활성화 명령: conda deactivate ❷

```
(base) C:\testAl>conda activate testAl
(testAl) C:\testAl>
```

인공지능 기술 습득을 위해서는 기본적으로 수학, 과학, 기술 등의 처리를 돕는 라이브러리가 필요합니다. 이들 대부분은 Scipy에서 제공하고 있는데, 이 중에서 우리 책에서 다루고 있는 내용과 관련 있는 Numpy(①), Matplotlib(②), Pandas(③) 라이브러리를 설치합니다.

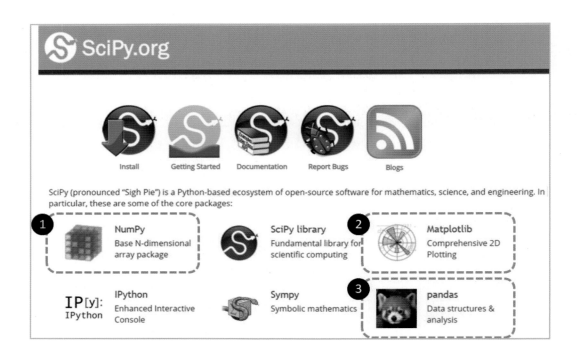

또한 인공지능 모델을 만드는 데 도움이 되는 TensorFlow와 Keras, 그리고 Computuer Vision(CV) 프로젝트에 사용할 OpenCV, 마이크로비트를 활용한 프로젝트에 사용할 Pyserial 라이브러리 등도 함께 설치하도록 합니다.

**– 넘파이(Numpy) 설치하기**

인공지능에서 기술통계, 벡터, 행렬 계산 등을 위해서 넘파이 라이브러리를 사용합니다.

[ pip install numpy ] 명령어를 이용하여 설치합니다.

```
(testAI) C:\testAI>pip install numpy
Collecting numpy
  Downloading https://files.pythonhosted.org/packages/90/4e/98818cb208f32833f628d7f7e9dd9ce36cdc34d199ccae0ab37
ed6a13b85/numpy-1.17.3-cp38-cp38-win_amd64.whl (12.7MB)
                                            | 12.7MB 105kB/s
Installing collected packages: numpy
Successfully installed numpy-1.17.3

(testAI) C:\testAI>
```

– Matplotlib 설치하기

파이썬에서 그래프로 표현하고자 할 때 사용합니다.

[ pip install conda install matplotlib ] 명령어를 이용하여 설치합니다.

```
(testAI) C:\testAI>pip install matplotlib
Collecting matplotlib
  Downloading https://files.pythonhosted.org/packages/1a/c0/69e3f695d7384012e
90be1e16570c08953baae00fd98094179ef87c7d5a2/matplotlib-3.1.1-cp37-cp37m-win_a
md64.whl (9.1MB)
                                            | 9.1MB 6.4MB/s
Requirement already satisfied: numpy>=1.11 in c:\programdata\miniconda3\envs\
testai\lib\site-packages (from matplotlib) (1.17.0)
Requirement already satisfied: python-dateutil>=2.1 in c:\programdata\minicon
da3\envs\testai\lib\site-packages (from matplotlib) (2.8.0)
Collecting cycler>=0.10 (from matplotlib)
  Downloading https://files.pythonhosted.org/packages/f7/d2/e07d3ebb2bd7af696
440ce7e754c59dd546ffe1bbe732c8ab68b9c834e61/cycler-0.10.0-py2.py3-none-any.wh
l
Collecting kiwisolver>=1.0.1 (from matplotlib)
  Downloading https://files.pythonhosted.org/packages/c6/ea/e5474014a13ab2dcb
6056608e0716c600c3d8a8bcffb10ed55ccd6a42eb0/kiwisolver-1.1.0-cp37-none-win_am
d64.whl (57kB)
                                            | 61kB 563kB/s
```

– 판다스(Pandas) 설치하기

인공지능 모델에 사용할 데이터를 분석하고 정제할 때 사용됩니다.

[ pip install pandas ] 명령어를 이용하여 설치합니다.

```
(testAI) C:\testAI>pip install pandas
Collecting pandas
  Downloading https://files.pythonhosted.org/packages/c5/f2/a025683abef52bc4a2ea39de7b2b1c3a3d969c4a3ca1d8dd3b8
29a994184/pandas-0.25.2-cp38-cp38-win_amd64.whl (9.4MB)
                                            | 9.4MB 6.4MB/s
Collecting pytz>=2017.2
  Downloading https://files.pythonhosted.org/packages/e7/f9/f0b53f88060247251bf481fa6ea62cd0d25bf1b11a87888e53c
e5b7c8ad2/pytz-2019.3-py2.py3-none-any.whl (509kB)
                                            | 512kB 6.4MB/s
Requirement already satisfied: numpy>=1.13.3 in c:\programdata\anaconda3\envs\testai\lib\site-packages (from pa
ndas) (1.17.3)
Requirement already satisfied: python-dateutil>=2.6.1 in c:\programdata\anaconda3\envs\testai\lib\site-packages
 (from pandas) (2.8.0)
Requirement already satisfied: six>=1.5 in c:\programdata\anaconda3\envs\testai\lib\site-packages (from python-
dateutil>=2.6.1->pandas) (1.12.0)
Installing collected packages: pytz, pandas
Successfully installed pandas-0.25.2 pytz-2019.3

(testAI) C:\testAI>
```

## – 텐서플로(Tensorflow) 설치하기

인공지능 모델을 만들 때 사용됩니다.

[ conda install tensorflow ] 명령어를 이용하여 설치합니다.

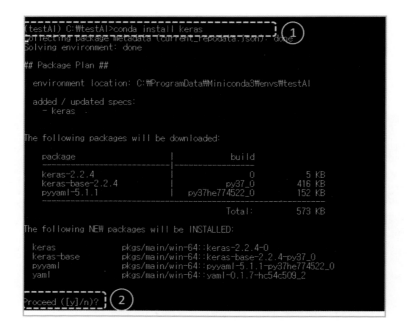

## – 케라스(Keras) 설치하기

인공지능 모델을 만들 때 사용됩니다.

[ conda install keras ] 명령어를 이용하여 설치합니다.

### ─ 파이시리얼(Pyserial) 설치하기

파이썬 프로그램에서 시리얼 통신을 이용할 때 사용됩니다.

[ pip install pyserial ] 명령어를 이용하여 설치합니다.

```
(testAI) C:₩testAI>pip install pyserial
Collecting pyserial
  Downloading https://files.pythonhosted.org/packages/0d/e4/2a744dd9e3be04a0c0907414e2a01a7c88bb3915cbe3c8cc06e
209f59c30/pyserial-3.4-py2.py3-none-any.whl (193kB)
    |████████████████████████████████| 194kB 251kB/s
Installing collected packages: pyserial
Successfully installed pyserial-3.4

(testAI) C:₩testAI>
```

### Step 3  가상 학습 환경 테스트하기

### ─ 주피터노트북(Jupyter Notebook) 실행

주피터 노트북은 파이썬을 이용한 인공지능 프로그램을 작성할 때 상호작용적 프로그래밍 및 실행 결과 확인이 가능합니다. 처음 인공지능 학습에 입문하는 분들은 주피터노트북을 이용하면 보다 쉽게 프로그램을 작성하고 결과를 확인할 수 있어 이해하는 데 크게 도움이 될 것입니다. 학습 폴더 testAI로 이동하여 주피터노트북(jupyter notebook)을 실행합니다.

```
(testAI) C:₩>cd testAI

(testAI) C:₩testAI>jupyter notebook_
```

주피터노트북 실행 화면에서 'hello world' 프로그램을 작성하고 실행해 봅시다. 먼저 파이썬 프로그램 작성을 위해 ❶의 'New' 리스트 버튼을 클릭한 후 ❷에서 'Python3'를 선택합니다.

다음으로는 프로그램 소스코드 작성과 소스코드를 쉽게 이해하도록 하는 문서 작성 방법입니다. ❶에서 'Code'를 선택하면 프로그래밍 소스코드를 작성할 수 있고, 'Markdown'을 선택하게 되면 참고 내용 등이 포함된 문서를 작성할 수 있습니다. 참고로 'Markdown'을 선택하여 입력한 모든 내용은 프로그램 실행과 관계가 없습니다. 그리고 자바스크립트 언어를 사용하여 텍스트 편집, 이미지 삽입, 영상 삽입 등도 가능합니다.

본격적으로 프로그램 작성하기 위해서 주피터노트북 파일 이름을 변경합니다. ①에서 새로운 파일 이름을 입력하고 ②에서 'Rename' 버튼을 클릭하면 이름이 변경됩니다.

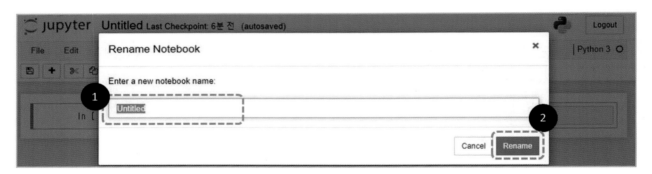

다음 소스코드를 주피터노트북에 입력하고 Shift+Enter나 'Run' 버튼을 클릭하여 프로그램을 실행해 봅니다. 에러 없이 결과가 출력되었다면 여러분은 성공적으로 '가상 학습 환경'을 설치한 것입니다.

```
In [1]: import tensorflow as tf
        hello = tf.constant("hellow world")

        sess = tf.Session()
        print(sess.run(hello))

        b'hellow world'
```

만약 소스코드를 실행했을 때 에러가 발생했다면 아래 [아나콘다 명령 Tip] 6번을 실행하여 해결합니다. 먼저 주피터 노트북 창을 닫습니다. Anaconda Prompt 창에서 Ctrl + C 버튼을 클릭하여 주피터 노트북 프로그램을 완전히 종료합니다.

(testAI) c:\testAI〉상태에서

conda install -c anaconda jupter 명령을 입력하고 실행합니다.

설치가 모두 완료되면 주피터 노트북을 다시 실행하여 102쪽의 소스코드를 입력하고 실행한 후 에러 없이 결과 값이 출력되는지 확인합니다.

---

[ 아나콘다 명령 Tip ]

1. 아나콘다 버전 확인

   (base) c:/testAI/conda --version

2. 아나콘다 업데이트

   (base) c:/testAI/conda update conda

3. 가상환경 전체 리스트 보기

   (base) c:/testAI/conda info --envs

4. 'testAI' 가상환경 생성하기

   (based) c:/testAI/conda create --name testAI python=3.7

5. 가상환경 삭제

   (base) c:/testAI/conda remove --name testAI --all

6. 주피터 노트북 kernel error 등 이슈 해결 Tip

   (testAI) c:/testAI/conda install -c anaconda jupyter

# PART 4

# 인공지능 프로그램 기초
# 파이썬(Python)과 친해지기

- 파이썬 프로그램에 대해 설명할 수 있다.
- 파이썬 프로그램을 이용하여 간단한 프로그램을 작성할 수 있다.
- 파이썬 프로그램과 함께 사용할 수 있는 라이브러리(Pandas, Numpy, OpenCV, Matplotlib 등)를 이용하여 간단한 프로그램을 작성할 수 있다.

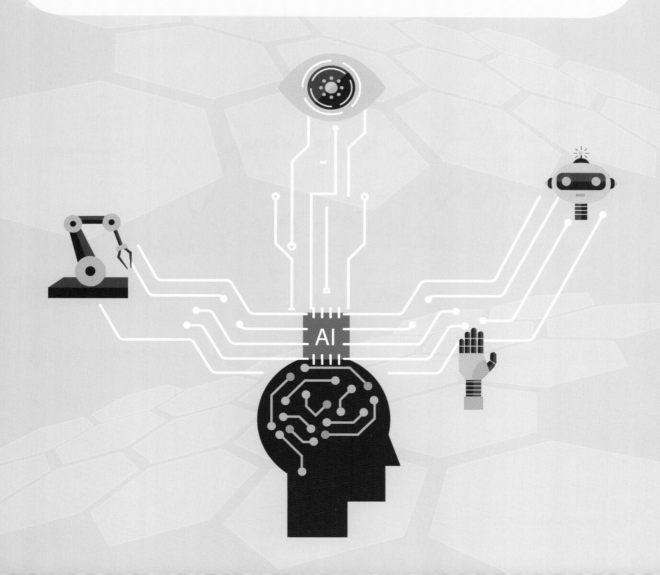

# 파이썬(python)과 친해지기

파이썬은 1991년에 등장한 프로그래밍 언어이지만 최근 데이터 분석, 사물인터넷, 인공지능 등에 대한 관심도가 높아지면서 아래 표에서 확인할 수 있듯이 급격히 이용자가 늘어나고 있는 추세입니다. 우리 책에서도 인공지능을 위한 데이터 수집, 정제, 기계 학습, 인공지능 테스트 전 과정에서 파이썬 프로그래밍을 이용합니다. 본격적으로 프로젝트 개발에 들어가기 전에 파이썬과 친해지는 시간을 갖도록 합니다. 파이썬에 관한 자세한 내용은 파이썬 관련 도서나 인터넷을 이용해 더 공부하기로 하고 여기서는 가장 기초적인 내용만 소개하기로 합니다.

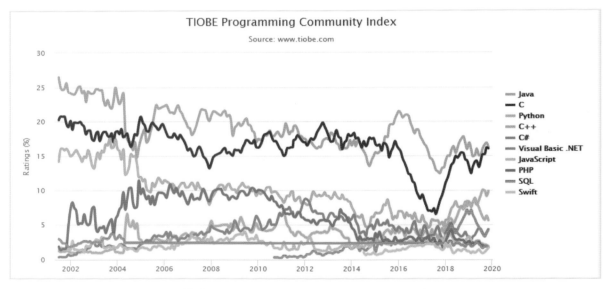

〈출처 : TIOBE(https://www.tiobe.com/tiobe-index/) 〉

파이썬은 어떤 특징이 있을까요? 인터넷에서도 쉽게 찾아볼 수 있으나 알아 두면 좋은 특징 두 가지만 말씀드리겠습니다.

- 풍부한 라이브러리(모듈)를 제공하기 때문에 사용자가 효율적으로 프로그래밍할 수 있습니다. 우리가 사용할 판다스(pandas), 넘파이(numpy), 텐서플로우(tensorflow) 등도 라이브러리입니다. 라이브러리의 종류와 정보는 'www.python.org'에서 확인할 수 있습니다.
- 파이썬으로 프로그래밍하면 소스코드의 가독성이 좋습니다. 들여쓰기 자체가 문법이고 코드의 영역을 결정해 주기 때문입니다. 보통 들여쓰기 1칸은 스페이스 공백 4개로 사용합니다.

지금부터는 파이썬과 친해지기 위해 프로그램을 직접 실행하여 결과를 확인합니다. 그러기 위해서 여러분이 'Part 3'에서 설치한 주피터 노트북을 활용합니다. 가상 학습 환경에서 주피터 노트북을 실행하여 소스코드를 입력하고 실행하면서 파이썬에 대해 공부해 봅니다. 소스코드를 입력할 때는 대소문자, 들여쓰기, 구두점 등에 주의하여 정확히 입력해야 합니다. 소스코드 중 # 표시가 있는 부분은 주석으로 프로그램 실행에는 영향을 주지 않습니다. 프로그램 작성할 때 메모를 남겨 두고 싶으면 #을 이용합니다. 입력한 프로그램의 결과를 확인하기 위해 프로그램을 실행하려면 Shift 키를 누른 상태에서 Enter 키를 누르면 됩니다.

### Task 1 파이썬 설치 버전 확인하기

아래 소스코드를 주피터 노트북에 입력합니다. 여러분 컴퓨터에 설치되어 있는 파이썬 버전을 확인하는 명령입니다.

```python
import sys
print ("Your version of Python is " + sys.version )
```

• 위의 내용을 입력한 후 Shift + Enter를 이용하여 프로그램을 실행하여 결과를 확인해 봅니다.

```python
import sys
print ("Your version of Python is " + sys.version )
```
```
Your version of Python is 3.6.8 |Anaconda custom (64-bit)| (default, Jan 15 2019, 23:36:29) [MSC v.1900 64 bit (AMD64)]
```

위와 같은 방법으로 아래 명령들을 입력하고 실행하여 결과를 확인하면서 재미있게 파이썬을 배워 봅니다. 모든 것을 이해할 수는 없습니다. 대략적으로 이해하면서 즐겁게 학습해 봅니다. 더 자세히 알고 싶으면 구글이나 유튜브 등 다양한 인터넷 자료를 이용하여 공부해 봅니다.

### Task 2 파이썬을 계산기처럼 이용해 보기 〈사칙 연산〉

파이썬을 이용한 간단한 사칙 연산에 대해 알아보도록 하겠습니다. Jupyter notebook 셀에 아래와 같이 각각 입력하고 Shift+Enter를 눌러 실행해 보도록 합니다.

```
1  # 덧셈(+)
2  1 + 2
```

```
1  # 뺄셈(-)
2  1 - 10
```

```
1  # 곱셈(*)
2  3 * 5
```

```
1  # 나눗셈(/)
2  9 / 3.0
```

사칙 연산 결과값을 확인하였나요? 손쉽게 사칙연산을 할 수 있는 것을 확인했습니다.

### Task 3 변수 이해하기

변수에 대해 알아보도록 하겠습니다. 변수는 '변하는 수'라는 의미로 프로그램에서 어떤 값을 저장하는 공간을 의미합니다. 변수는 변하는 수로 값을 필요에 따라 여러 번 변경하여 저장할 수 있습니다. 여러 개의 변수를 사용하기 위해서 변수마다 이름을 지정해서 사용합니다. 다음은 변수 사용 예제입니다.

```
1  A = 1
2  B = 2
3  C= A + B
4
5  C
```

• 3개의 변수 A, B, C를 만들고 변수 A에는 숫자 1을 저장하고, B에는 2를 저장하고 C에는 A와 B를 더한 값을 저장 후 C의 값을 출력하는 소스코드입니다. 직접 입력하여 결과를 확인해 보고 변수에

대해 이해해 봅니다.

```
1  Name = "AI"
2  print(Name + " Social Impact Projects")
```

• 문자열 변수 Name에 문자 값을 저장하여 출력 명령 print문을 이용하여 출력하는 소스코드입니다. 직접 입력하여 결과를 확인해 보고 변수에 대해 이해해 봅니다.

### Task 4 함수 정의하고 호출하기

함수를 정의하고 호출해 보도록 하겠습니다. 함수(Function)는 자주 사용하는 프로그램의 일부를 분리하여 모아 놓은 영역입니다. 아래 예제는 'auto_counter()'라는 함수를 정의하고 호출하는 예제입니다.

10번 라인에서 auto_counter() 함수를 호출할 때(❶) x=5, y=3의 값을 함수 정의하는 부분으로 넘겨주고(❷) A, S, M, D 값을 계산하여 결과값을 다시 돌려줍니다(❸,❹). 소스코드를 직접 입력하여 결과를 확인해 보고 함수에 대해 이해해 봅니다.

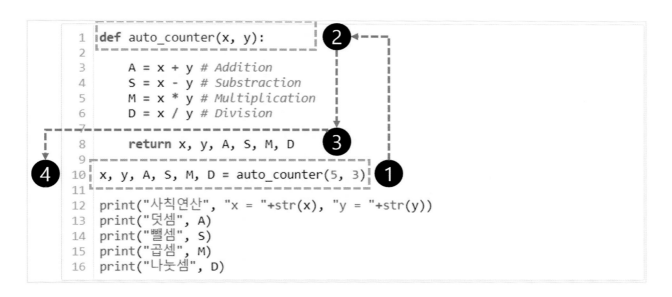

```
1  def auto_counter(x, y):
2
3      A = x + y # Addition
4      S = x - y # Substraction
5      M = x * y # Multiplication
6      D = x / y # Division
7
8      return x, y, A, S, M, D
9
10 x, y, A, S, M, D = auto_counter(5, 3)
11
12 print("사칙연산", "x = "+str(x), "y = "+str(y))
13 print("덧셈", A)
14 print("뺄셈", S)
15 print("곱셈", M)
16 print("나눗셈", D)
```

• 위 예제에서 보면 함수를 정의할 때는 'def 예약어'를 사용하여 함수의 정의 부분을 표시합니다. 함수를 정의하는 형태를 살펴보겠습니다.

```
def 함수명(매개변수):        #'매개변수'는 필요 없으면 생략할 수 있습니다.
함수 내용
return 함수의 결과값        #리턴값이 없으면 생략할 수 있습니다.
```

Task 5 반복문 for문 / 조건문 if문

반복문인 for문과 조건문인 if문에 대해 알아보겠습니다. for문은 정해진 횟수만큼 반복하는 구문이며 if문은 조건이 참이면 실행하는 구문입니다. 아래 예제는 for문과 if문을 이용하여 총 10,000번 반복하면서 500번마다 출력하는 예제입니다.

```
1   for step in range(10000):
2
3       step = step + 1
4
5       if step % 500 == 0 :
6           print("\n step(학습 횟수)  : ", step)
7
```

• for문의 range(10000)은 0부터 9999까지 숫자를 하나씩 step 변수에 넘겨주면서 for문 안에 있는 3번 5번 라인까지 총 10,000번 반복하게 됩니다. 반복하면 조건문 if문에 있는 조건(500으로 나누어 나머지가 0이면)을 만족하면 print문을 실행하게 됩니다. 직접 입력하여 결과를 확인합니다.

Task 6 반복문 while문

반복문 while문에 대해 알아보겠습니다. while문은 조건이 참(true)일 동안 반복하는 구문입니다. 아래 예제는 while문을 이용하여 i값이 180이 될 때까지 반복하는 예제입니다.

```
1   i = 0
2
3   while i != 180:
4       i += 1
5
6   print(i)
```

- while문의 조건(i != 180)은 i값이 180이 아니면 i값을 1씩 증가하게 합니다. i값이 180이 되면 while
  문을 종료하고 print()문을 실행하여 180을 출력합니다.

다음은 실제 while문을 사용하는 예제를 한번 보도록 하겠습니다.

```
1  # 모듈 불러오기: import 모듈 이름 - 이미지 사용을 위한 opencv,
2  #키보드 사용을 위한 os, 이미지 저장 파일명 사용을 위한 datetime
3  import cv2
4  import os
5  import datetime
6
7  video_capture = cv2.VideoCapture(0)
8  while(True):
9
10     grabbed, frame = video_capture.read()
11     cv2.imshow('Original Video', frame)
12
13     key = cv2.waitKey(1);
14     if key == ord('q'):
15         break
16     elif key == ord('s'):
17         file = datetime.datetime.now().strftime("%Y%m%d_%H%M%S%f") +'.jpg'
18         cv2.imwrite(file, frame)
19         print(file, ' saved')
20
21  video_capture.release()
22  cv2.destroyAllWindows()
```

- 위 예제는 while문과 if문을 이용하여 웹캠을 실행시켜 웹캠에서 들어오는 이미지를 가져와 화면에
  출력해 주는 프로그램입니다. while(True)는 항상 참이기 때문에 while문 구문 안에 있는 코드를 키보
  드의 'q'를 누기 전까지 무한 반복합니다. 그리고 's'를 누르면 웹캠에서 들어오는 이미지를 현재 날짜
  와 시간의 이름으로 이미지를 저장합니다. 코드를 입력하고 프로그램을 실행한 후 'q' 또는 's'를 눌러
  결과를 확인해 봅니다.

Task 7  라이브러리(모듈) 불러오기

import 명령어를 통해 다양한 패키지나 모듈을 불러올 수 있습니다. 모듈은 데이터, 함수, 클래스 등
이 담겨져 있는 파일이며 패키지는 모듈의 집합이라고 할 수 있습니다. 아래 코드는 numpy 모듈을 불러
와서 사용하는 예제입니다. numpy 모듈은 과학 연산을 위한 라이브러리입니다. numpy는 다차원 배열
과 이런 배열을 처리하는 다양한 함수와 툴을 제공합니다.

```
1   import numpy as np
2
3   lower_hsv = np.array([85,150,80])
4   upper_hsv = np.array([115,250,150])
5   print(lower_hsv)
6   print(upper_hsv)
7
8   kernel = np.ones((3,3), np.uint8)
9   print(kernel)
10
11  box = np.int0(3)
12  print(box)
```

• 3, 4라인은 lower_hsv, upper_hsv 변수에 1차원 배열을 생성하여 각각 값을 입력합니다. 그리고 그 값을 화면에 출력합니다. 8번 라인은 np.ones(3,3)을 통해 배열을 생성하고 모든 요소를 1로 초기화합니다. np.int0(3)은 정수형 값으로 전환한 후 box 변수에 저장합니다. 실행 결과는 아래와 같습니다.

```
[ 85 150  80]
[115 250 150]
[[1 1 1]
 [1 1 1]
 [1 1 1]]
3
```

다음은 프로그램 실행 시간 계산을 위해서 time 모듈을 불러옵니다.

```
1   import time
2
3   def main():
4       tic = time.time()
5       print(tic)
6
7   if __name__ == '__main__':
8       main()
```
```
1572160421.986854
```

• 출력 결과는 time 모듈의 time 함수를 호출하여 1970년 1월 1일 0시 0분 0초 이후 경과한 시간을 초

단위로 반환한 값입니다.

**예외처리(try, except)**

파이썬으로 프로그래밍 중에 다양한 에러가 발생할 수 있는데, 에러가 발생할 것 같은 코드를 try 안에 넣고 except 뒤에 발생할 수 있는 에러의 이름을 적어 두면 에러 발생 시 프로그램을 멈추지 않고 처리가 가능합니다. 아래 예제는 모듈을 불러올 때 해당 모듈이 없을 경우 에러를 발생하지 않고 '모듈이 없습니다.'라는 메시지를 출력합니다.

```python
1  try:
2      import your_module
3  except ImportError:
4          print ( '모듈이 없습니다' )
```

모듈이 없습니다

• try .. except문은 아래 예제와 같이 선택적인 else 절을 가질 수 있습니다. else는 except절 뒤에 위치하며 예외가 발생하지 않아 except절을 실행하지 않을 경우 실행됩니다.

```python
1  try:
2      file = open('data.txt', 'r')
3      print(i)
4
5  except FileNotFoundError as e:
6      print(str(e))
7
8  else:
9      data = file.read()
10     file.close()
```

**Python 자료형 – 리스트형, 튜플형, 집합형, 사전형**

python 자료형에 대해 알아보도록 하겠습니다. 먼저 리스트형부터 알아보겠습니다. 리스트를 만들 때는 아래 예제와 같이 대괄호[ ]로 감싸 주고 각 요소 값은 쉼표로 구분해 줍니다.

```
 1  # 변수 설정 및 변수 값 저장
 2  DRONE_IP_ADDRESS    = 0
 3  DRONE_IP_PORT       = 1
 4  DRONE_TIMEOUT       = 2
 5  DRONE_OK_STATUS     = 3
 6  DRONE_CURR_CMD      = 4
 7  DRONE_CURR_TIMEOUT = 5
 8
 9  # 리스트 데이터 정의
10  drone = ['192.168.10.1', 8889, 0, 0, '', 0]
11          #       0          1   2  3  4  5
```

```
 1  # 리스트 데이터에서 특정 위치 데이터 불러오기 1
 2  drone[DRONE_IP_ADDRESS] # drone[0]
```

```
'192.168.10.1'
```

```
 1  # 리스트 데이터 특정 위치 데이터 불러오기 2
 2  drone[DRONE_OK_STATUS] # drone[3]
```

```
0
```

- drone 리스트를 만들고 리스트 데이터에서 특정 위치 데이터를 위의 예제와 같이 불러올 수 있습니다.

```
 1  # 리스트 데이터: 추가, 삭제, 변경 가능
 2  drone[DRONE_OK_STATUS] = 'left'
 3  drone[DRONE_OK_STATUS]
```

```
'left'
```

- 그리고 위의 예제와 같이 리스트 데이터의 값을 추가, 삭제, 변경 가능합니다.

다음은 튜플(tuple)형에 대해 알아보겠습니다. 튜플(tuple)은 리스트와 거의 비슷하지만 다른 점이 몇 가지 있습니다. 리스트는 [ ]로 생성하지만 튜플(tuple)은 ( )로 생성하며 리스트는 값을 생성, 삭제, 수정이 가능하지만 튜플(tuple)은 값을 변경할 수 없습니다. 아래 예제는 리스트 값을 이용하여 튜플(tuple)을 생성하는 예제입니다.

```
1  # 튜플 데이터: 추가, 삭제, 변경 불가
2  tello_address = (drone[DRONE_IP_ADDRESS], drone[DRONE_IP_PORT])
3  tello_address
```

```
('192.168.10.1', 8889)
```

```
1  tello_address[0] = '192.168.10.139'
```

```
-------------------------------------------------------------------
TypeError                              Traceback (most recent call last)
<ipython-input-20-5c66f8547564> in <module>()
----> 1 tello_address[0] = '192.168.10.139'

TypeError: 'tuple' object does not support item assignment
```

• 튜플(tuple)을 생성한 후 위와 같이 값을 변경하면 에러가 발생합니다.


다음은 집합(set) 자료형에 대해 알아보겠습니다. 집합(set) 자료형은 집합에 관련된 것을 쉽게 처리하기 위해 만들어진 자료형입니다. 집합 자료형은 set 키워드를 사용해서 만들 수 있으며 순서가 없고 중복을 허용하지 않습니다. 아래 예제는 집합 자료형을 생성합니다.

```
1  sampleSet = {'John', True, 9}
2  sampleSet
```

```
{9, 'John', True}
```

• 생성된 집합 자료형에 값 1개를 추가(add)해 보도록 하겠습니다.

```
1  sampleSet.add(10.5)
2  sampleSet
```

```
{10.5, 9, 'John', True}
```

• 집합 자료형에 값 여러 개를 추가(update)해 보도록 하겠습니다.

```
1  sampleSet.update([3, 9])
2  sampleSet
```

```
{10.5, 3, 9, 'John', True}
```

집합 자료형은 중복을 허용하지 않기 때문에 [3, 9]를 추가하였으나 기존에 9가 있어 3만 추가합니다.

• 이번에는 특정 값 '9'를 제거(remove)해 보겠습니다.

```
1  sampleSet.remove(9)
2  sampleSet
```

```
{10.5, 3, 'John', True}
```

마지막으로 딕셔너리(Dictionary) 자료형에 대해 알아보겠습니다. 딕셔너리(Dictionary) 자료형은 키(Key)와 값(Value)을 한 쌍으로 가지는 자료형입니다. 인덱스가 아니라 키를 이용해서 데이터를 찾으며 중괄호로 묶어서 표현하며 키와 값이 모두 있어야 합니다. 아래 예제는 딕셔너리 자료형을 생성하는 예제입니다.

```
1  # 딕셔너리 선언
2  dic = {'Kor': 80, 'Math': 90}
3  print(dic)
```

```
{'Kor': 80, 'Math': 90}
```

• 생성된 딕셔너리(Dictionary)에 아래와 같이 값을 추가해 보도록 하겠습니다.

```
1  dic['eng'] = 50
2  print(dic)
```

```
{'Kor': 80, 'Math': 90, 'eng': 50}
```

• 이번에는 딕셔너리(Dictionary)에 del함수와 키(key)값을 이용하여 딕셔너리(Dictionary)의 요소를 삭제해 보도록 하겠습니다.

```
1  del dic['eng']
2  print(dic)
```

```
{'Kor': 80, 'Math': 90}
```

# PART 5

# 날씨에 따른 교통사고 발생 확률 예측 인공지능 시스템 개발

- 날씨에 따른 교통사고 발생 확률을 예측하는 인공지능 시스템을 개발할 수 있다.
- 인공지능 기술 개발에 필요한 데이터 확보 및 정제 방법에 대해 이해한다.
- 판다스(pandas), 넘파이(numpy), 텐서플로우(tensorflow)의 파이썬 라이브러리를 이용할 수 있다.
- 선형 회귀 분석으로 기계학습을 경험해 인공지능 기술을 이해할 수 있다.
- 학습된 모델과 플라스크 웹 서버를 통해 웹으로 서비스할 수 있다.
- 인공지능 기술을 사람들이 더 행복한 삶을 살아갈 수 있도록 활용하려는 마음을 가진다.

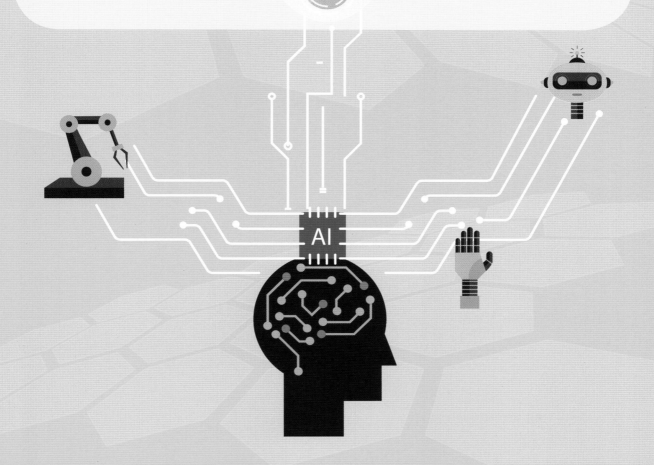

인공지능 기술을 활용한 프로젝트를 진행하는 단계는 매우 다양하지만 여기서는 '인텔 AI4Youth' 프로그램에서 제시하는 AI Project Cycle 6단계에 따라 프로젝트를 수행합니다. 먼저 AI Project Cycle 6단계에 대해서 알아봅시다.

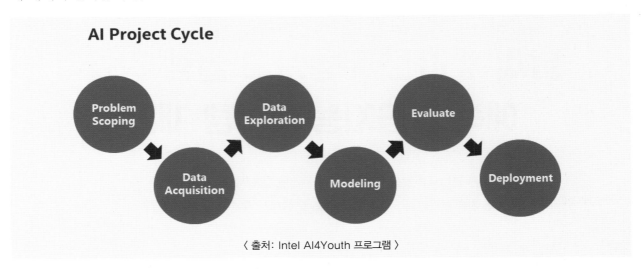

〈 출처: Intel AI4Youth 프로그램 〉

### 1단계 Problem Scoping 문제 찾기 및 분석

이 단계의 주요 목표는 프로젝트의 목표를 정의하는 것입니다. AI 프로젝트를 시작하는 가장 중요한 단계 중 하나입니다. 좋은 결과를 원한다면 목표를 올바르게 설정해야 합니다.

### 2단계 Data Acquisition 데이터 수집

데이터 수집 또는 데이터 가져오기 단계입니다. 즉, 인공지능 모델 훈련에 필요한 데이터를 수집하는 단계입니다.

### 3단계 Data Exploration 데이터 탐색

이 단계의 주요 목표는 일반적으로 그래프를 통해 Insight를 얻거나 인공지능 모델에 적합한 형태로 데이터를 정제하는 것입니다.

### 4단계 Modeling 모델링

이 단계의 주요 목표는 알고리즘을 구현하고 최상의 결과를 제공하는 인공지능 모델을 만들고 데이터를 훈련시키는 것입니다.

### 5단계 Evaluate 평가

이 단계의 주요 목표는 다양한 모델을 평가하고 최상의 모델을 선택하는 것입니다.

### 6단계 Deployment 배포

이 단계의 주요 목표는 선택한 모델을 기반으로 솔루션을 배포하는 것입니다. 프로젝트의 최종 결과물을 어떤 형태로 배포할 것인지를 결정하는 단계입니다.

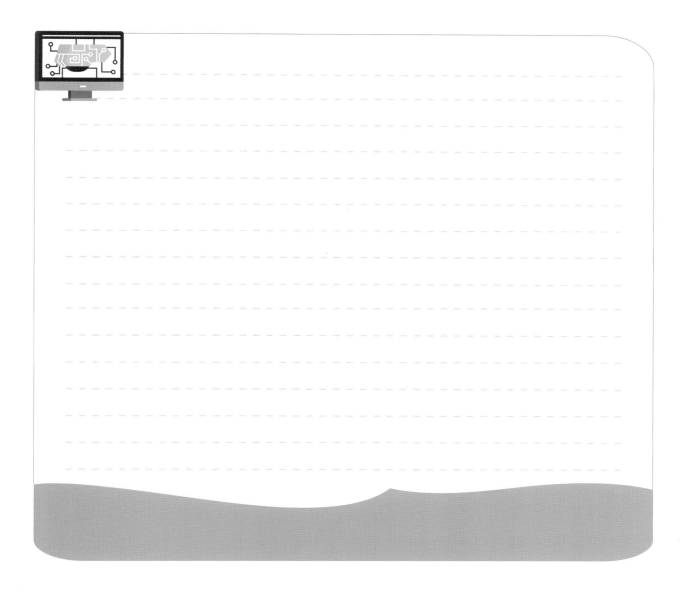

# 01

# 1단계: Problem Scoping

1단계는 문제 찾기 및 분석 단계입니다. 이 단계의 주요 목표는 프로젝트의 목표를 정의하는 것으로, AI 프로젝트를 시작하는 가장 중요한 단계입니다. 여러분의 목표 설정을 돕기 위해 '인텔 AI4Youth' 프로그램의 '4Ws Problem Canvas'를 사용합니다.

## 4Ws Problem Canvas

**Who is having the problem?  누가 그 문제를 가지고 있나요?**

1. Who are the stakeholders? (이해관계자는 누구입니까?)

   운전자, 가족, 경찰, 도로공사

2. What do you know about them? (그들에 대해 무엇을 알고 있습니까?)

   교통사고의 위험에 대해 항상 불안해하고 있다. 교통사고가 나지 않도록 노력한다.

**What is the nature of the problem? 문제의 본질은 무엇인가요?**

1. What is the problem? (무엇이 문제입니까?)

   날씨가 좋지 않을 때 교통사고가 더 많이 난다.

2. How do you know it is a problem? (그것이 문제라는 것을 어떻게 알 수 있습니까?)

   빗길, 안개 지역, 눈길에서 대형 교통사고가 발생한 것을 뉴스를 통해 알게 되었다.

**Where does the problem arise? 문제는 어디에서 발행하는가?**

1. What is the context/situation in which the stakeholders experience the problem?

   (이해관계자가 문제를 경험하는 상황은 무엇입니까?)

   비가 오거나 눈이 많이 내리는 도로에서 교통사고가 더 많이 발생한다고 한다.

**Why do you believe it is a problem worth solving?**
**해결해야 할 가치가 있는 문제라고 생각하는 이유는 무엇입니까?**

1. What would be of key value to the stakeholders?

   (이해관계자에게 중요한 가치는 무엇입니까?)

   날씨에 따른 교통사고 사상자 수를 예측하여 알려 줌으로써 운전자들에게 교통사고 발생 확률이 높은 날씨에는 가급적 운전을 하지 않거나, 운전을 하더라도 더욱 조심하여 운전할 수 있도록 돕는다.

## 2. How would it improve their situation? (그들의 상황이 어떻게 개선될까요?)

소중한 가족과 이웃이 교통사고로 죽거나 다치지 않도록 도울 수 있어 더욱 행복한 삶을 살아갈 수 있게 된다.

| Problem Statement Template | | |
|---|---|---|
| Our | 운전자 | Who |
| has/have a problem that | 교통사고 | What |
| when/ while | 날씨가 좋지 않을 때, 도로에서 | Where |
| An ideal solution would | 날씨에 따른 사망사고 발생 확률을 예측할 수 있게 하여 운전을 하지 않거나 주의하여 운전 | Why |

이번 프로젝트에서는 과거의 날씨 데이터와 교통사고 사상자 수 데이터를 이용하여 미래의 날씨에 따른 교통사고 사상자 수 발생 확률을 예측하는 인공지능 시스템을 개발해 봅니다.

프로젝트는 최종적으로 아래 이미지에서처럼, 인터넷에서 웹서비스를 하는 프로토 타입으로 개발 완료합니다. 프로젝트를 성공적으로 수행한 후에 여러분 지역을 대상으로 하는 서비스를 개발해 보도록 합니다. 또한, 이러한 인공지능 예측 시스템을 이용하여 다양한 사회 문제 해결 아이디어를 찾아보세요.

인공지능 기술 활용 소셜임팩트 창출 프로젝트

## 날씨에 따른 교통사고 발생확률 예측 AI 시스템

2018년 날씨 데이터와 교통사고정보 데이터(서울시)를 공공데이터 포털에서 다운받아 사용하였습니다.

선형 회귀 분석 모델(알고리즘)을 이용하였습니다.

일기예보를 확인하세요. 기상청 예보 사이트를 참고하세요.

**기온(°C) : 오늘 기온은 얼마인가요?**

온도를 입력하세요.

**강수량(mm) : 오늘 비가 오나요? 온다면 얼마나 올까요?**

강수량을 입력하세요.

**풍속(m/s) : 오늘 바람이 부나요? 분다면 세기가 얼마나 될까요?**

풍속을 입력하세요.

**습도(%) : 오늘 습도가 얼마일까요?**

습도를 입력하세요.

**적설량(cm) : 오늘 눈이 오나요? 온다면 얼마나 올까요?**

적설량을 입력하세요.

교통사고 발생 확률 예측 시작 버튼

↓↓ 예측값은 아래 나타납니다. ↓↓

예측되는 교통사고 사상사자 수는 [17.446224] 명 입니다.

# 2단계: Data Acquisition

**02**

2단계는 데이터 수집 또는 데이터 가져오기 단계입니다. 즉, 인공지능 모델 훈련에 필요한 데이터를 수집하는 단계입니다. 여기서는 기상자료개방포털 사이트에서 서울시의 2018년 날씨 데이터와 대한민국 공공데이터 포털 사이트에서 서울시의 2018년 교통사고정보 데이터를 가져오려고 합니다.

## 활동목표

- 공공데이터포털에서 필요한 데이터를 다운로드받을 수 있다.
- 파이썬의 pandas 라이브러리를 이용해 csv 파일을 읽고 확인할 수 있다.

## 준비물 ·········☆

- 지도자용: 지도자용 PPT
- 학습자용: 개인 노트북, 인터넷 활용이 가능한 환경, 필기도구

## 토의하기 ·········☆

- 공공데이터 포털이란 무엇이며 어떤 것들이 있나요? 왜 필요하며 어떻게 활용될까요?

# 2018년 서울시 기상데이터 가져오기
## - 기상청: 기상자료개방포털 -

인공지능 프로젝트를 위해서는 신뢰할 수 있는 데이터가 필요합니다. 신뢰할 수 있는 데이터를 얻을 수 있는 곳은 많이 있습니다. 특히, 정부에서 운영하는 공공데이터 포털은 공공기관이 생성 또는 취득하여 관리하고 있는 데이터를 한 곳에서 제공하는 통합제공시스템입니다.

공공데이터 포털에서는 데이터를 직접 다운로드받을 수도 있고, 데이터를 제공하는 공공기관의 데이터 다운로드 사이트로 이동해서 다운로드받을 수도 있습니다. 기상청에서 운영하는 기상자료개방포털에서 '2018년 서울특별시 기상데이터'를 찾아 다운로드받아 봅시다.

[ 다운로드 전 주의사항 ]

기상자료개방포털은 회원 가입이 되어 있어야 데이터를 다운로드할 수 있습니다.

### 1. '기상상자료개방포털' 접속 및 로그인

https://data.kma.go.kr

웹페이지 주소를 크롬브라우저에 입력하여 '기상자료개방포털'에 접속한 후 로그인을 클릭합니다.

로그인 창이 열리면 회원 가입을 클릭하고 개인정보 수집·이용에 대해 자세히 읽어 본 후 동의를 선택하고 계속 진행하기 버튼을 클릭하여 회원 가입을 진행합니다.

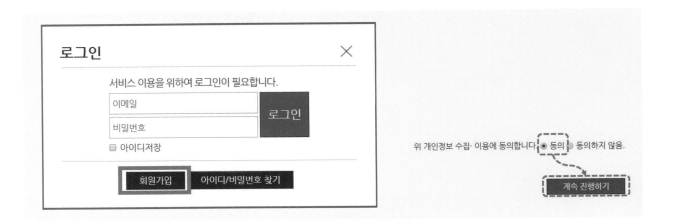

개인정보 수집 이용에 동의하고, 계속 진행하기를 클릭합니다.

이름과 ID(E-mail)을 입력하고, 중복 확인(❶)을 진행합니다. 중복되지 않은 ID임을 확인한 후에 인증 번호 발송을 클릭하고, 자신의 이메일에서 인증번호를 확인해 입력한 후 인증 확인(❷) 버튼을 클릭합니다. 모든 정보가 잘 입력되었다면 마지막으로 가입(❸) 버튼을 클릭하여 가입을 완료합니다.

회원 가입이 완료되면 로그인하기로 이동하여 로그인합니다.

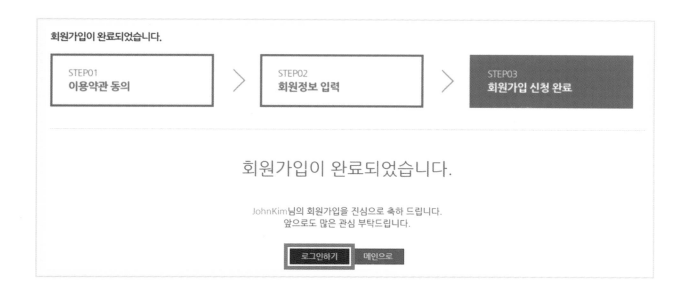

## 2. 2018년 서울시 날씨 데이터 검색하기

　2018년 서울시의 날씨 데이터가 필요하기 때문에 상단 메뉴 가운데 '데이터' 메뉴 위로 마우스를 올리고, 하위 메뉴에서 '기상 관측'을 클릭하여 기상데이터 검색 화면으로 이동합니다.

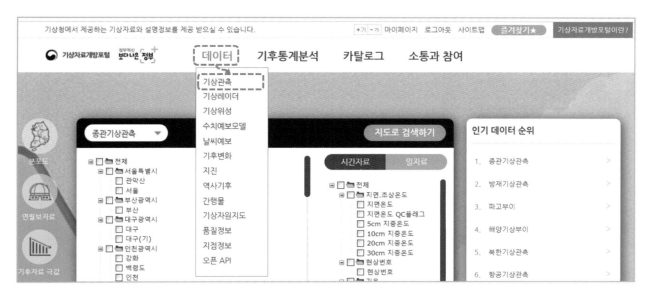

기상 데이터 검색 화면에서 '자료 조회' 버튼을 클릭합니다.

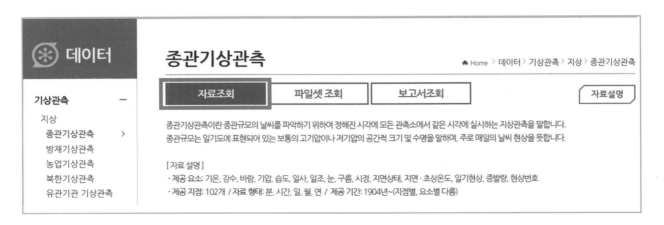

우리에게는 '2018년 서울시 날씨 데이터'가 필요합니다. 구체적으로는 [서울시; 2018년 1월 1일, 00시 부터 2018년 12월 31일 23시까지 시간 단위로; 기온, 강수량, 풍속, 습도, 적설의 기상 데이터]를 검색 하여 다운로드할 것입니다. 자세한 선택 방법은 다음 장을 참고하세요.

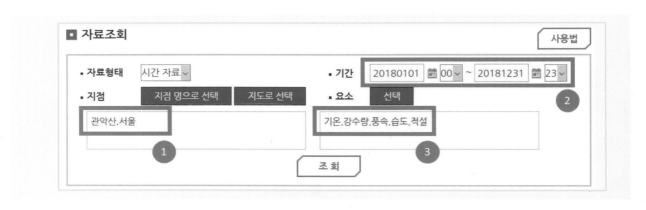

지점(❶)에서 '지점명으로 선택'을 클릭하여 서울특별시를 체크하고 선택 완료를 클릭합니다.

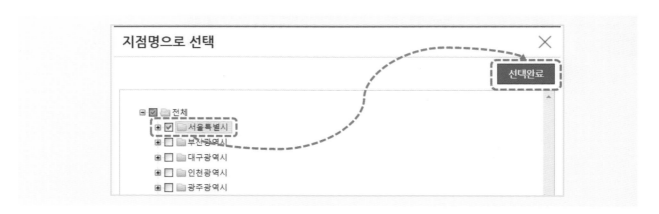

기간(❷)에서 '20180101 , 00 ~ 20181231 , 23'으로 설정합니다.

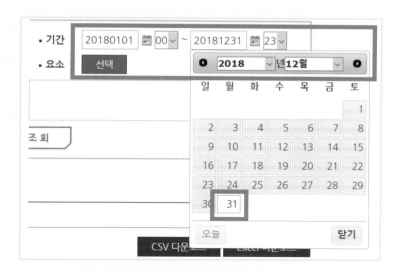

요소 선택(❸)에서 기온, 강수량, 풍속, 습도, 적설을 체크하고 선택 완료를 클릭합니다.

모든 요소를 선택 완료하였을 때 내용은 아래 창과 같습니다. 정한 조건에 따라 데이터를 검색하기 위해서 '조회' 버튼을 클릭합니다.

검색된 데이터를 다운받기 위해서 'CSV 다운로드' 버튼을 클릭합니다.

| 지점 | 시간 | 기온(°C) | 강수량(mm) | 풍속(m/s) | 습도(%) | 적설(cm) |
|------|------|---------|-----------|-----------|---------|---------|
| 서울(108) | 2018-01-01 00:00 | -3.2 | | 0.5 | 40 | |
| 서울(108) | 2018-01-01 01:00 | -3.3 | | 0.7 | 41 | |
| 서울(108) | 2018-01-01 02:00 | -3.7 | | 0.9 | 42 | |
| 서울(108) | 2018-01-01 03:00 | -4 | | 1 | 44 | |
| 서울(108) | 2018-01-01 04:00 | -4.2 | | 1.1 | 53 | |
| 서울(108) | 2018-01-01 05:00 | -4.4 | | 0.8 | 54 | |
| 서울(108) | 2018-01-01 06:00 | -4.5 | | 1.1 | 51 | |
| 서울(108) | 2018-01-01 07:00 | -4.7 | | 1.1 | 56 | |
| 서울(108) | 2018-01-01 08:00 | -5 | | 1 | 55 | |
| 서울(108) | 2018-01-01 09:00 | -4.3 | | 0.7 | 39 | |

전체 8760건 10

≪ ‹ ❶ 2 3 4 5 6 7 8 9 10 › » CSV 다운로드 Excel 다운로드

다운로드를 클릭하여 나타나는 용도신청의 새 창에서 교육/행정을 체크하고, 신청을 클릭합니다.

연월일시초를 파일명으로 하는 csv 파일이 '내 PC 〉 다운로드' 폴더로 다운로드됩니다.

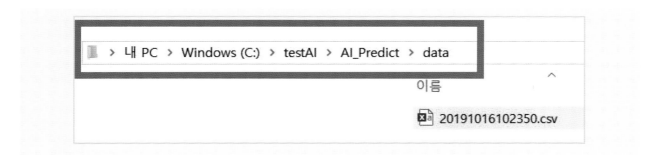

## 3. 다운로드받은 파일 이동 및 파일명 변경

다운로드가 완료되면 '내 PC 〉 다운로드' 폴더에서 '20191016102350.csv' 파일을 찾을 수 있습니다. 파일명은 연월일시에 따라 달라집니다. 파일을 인공지능 모델에 사용할 디렉토리로 이동시킵니다. 우리가 사용할 폴더는 'C:\testAI\AI_Predict\data'입니다.

'C:\testAI' 폴더로 이동하여 'AI_Predict' 하위폴더를 만들고, 그 하위에 'data' 폴더를 하나 더 만듭니다. 그리고 다운로드받은 원시데이터 파일 '20191016102350.csv'을 다운로드 폴더에서 잘라 내기 하여 'C:\testAI\AI_Predict\data' 폴더에 붙여 넣기 하여 이동합니다.

파일 이름을 'weather2018_seoul.csv'로 변경합니다.

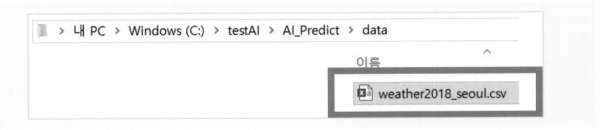

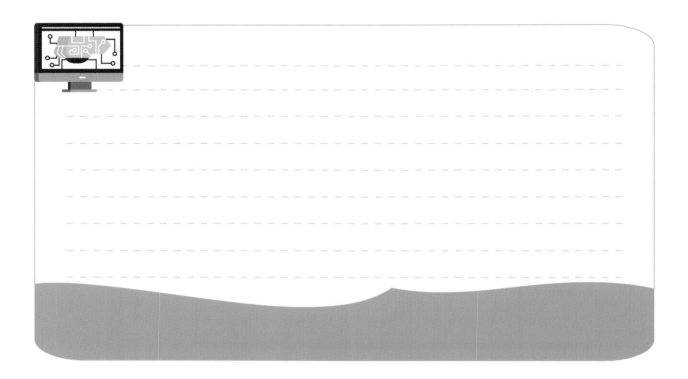

# 2018년 서울시 교통사고정보 데이터 가져오기
## - 대한민국 공공데이터 포털: 교통사고정보 -

Activity 1에서 2018년 서울시 기상데이터를 확보하였습니다. 같은 방법으로 2018년 서울시 교통사고정보 데이터를 확보합니다. 이번에는 대한민국 공공데이터 포털 사이트에서 도로교통공단에서 제공하는 "교통사고정보 데이터"를 검색하여 다운로드하는 방법을 이용하겠습니다.

### 1. 공공데이터포털 접속

https://www.data.go.kr/

웹페이지 주소를 크롬브라우저에 입력하여 공공데이터포털에 접속합니다.

### 2. 2018년 서울시 교통사고정보 데이터 검색하기

서울시의 2018년 교통사고정보 데이터가 필요하기 때문에 "교통사고 정보"로 검색하여 해당 데이터를 찾아 다운로드할 것입니다.

> **[ 참고 ]**
> • 공공데이터포털에는 무수히 많은 데이터가 공유되고 있어 검색을 통해 필요한 데이터를 다운로드받는 것이 효율적입니다.

검색란에 "교통사고정보"를 입력합니다. 리스트에서 '도로교통공단_교통사고 정보'를 선택한 후 검색 버튼을 클릭합니다.

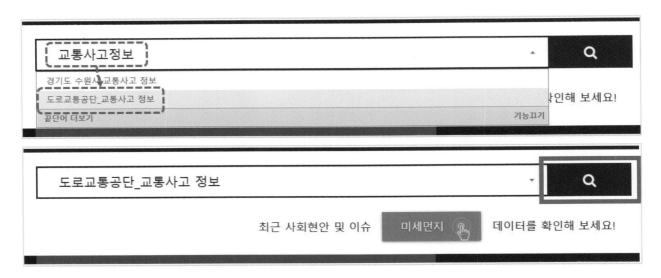

검색 결과에서 도로교통공단에서 제공하는 교통사고정보 데이터 '도로교통공단_교통사고 정보'를 찾아 클릭합니다.

'도로교통공단_교통사고 정보 세부 내용'에서 '도로교통공단_전국_사망교통사고정보(2018)' 데이터를 찾습니다.

멀티다운로드 위로 마우스를 가져가 하위메뉴에서 'csv'에 체크를 하고, 다운로드를 클릭합니다.

## 3. 다운로드받은 파일 이동 및 파일명 변경

다운로드가 완료되면 '내 PC 〉 다운로드' 폴더에서 '도로교통공단_전국_사망교통사고정보_2018_20190910.csv' 파일을 찾을 수 있습니다. 파일명 중 숫자 부분은 다를 수 있습니다. 파일을 인공지능 모델에 사용할 디렉토리로 이동시킵니다. 우리가 사용할 폴더는 'C:\testAI\AI_Predict\data'입니다. 해당 폴더로 이동한 후 다운로드받은 원시데이터 파일 '도로교통공단_전국_사망교통사고정보_2018_20190910.csv'을 다운로드 폴더에서 잘라 내기 하여 'C:\testAI\AI_Predict\data' 폴더에 붙여 넣기 하여 이동합니다.

파일 이름을 '도로교통공단_전국_사망교통사고정보(2018)'로 변경합니다.

> 내 PC > Windows (C:) > testAI > AI_Predict > data

이름

🗎 weather2018_seoul.csv

🗎 도로교통공단_전국_사망교통사고정보(2018).csv

**AI Project Cycle**

**03**

# 3단계: Data Exploration

3단계는 Data Exploration, 즉 데이터 탐색 단계입니다. 이 단계의 주요 목표는 일반적으로 그래프를 통해 Insight를 얻거나 인공지능 모델에 적합한 형태로 데이터를 정제하는 것입니다.

여기서는 다운로드받은 csv 파일을 파이썬에서 읽어 들이는 활동을 합니다. 이를 통해 데이터를 정제, 가공, 병합, 분할, 정렬 등의 처리를 합니다. 우리는 이러한 데이터 탐색 활동을 위해 파이썬의 pandas 라이브러리를 사용할 것입니다. 'pandas'는 데이터 처리 및 분석에 사용되는 라이브러리입니다.

**활동목표**

- 수집된 데이터를 엑셀 프로그램을 이용하여 필요 데이터만을 추출할 수 있다.
- 파이썬 판다스 라이브러리를 이용하여 데이터를 분석 및 처리할 수 있다.
- 인공지능 모델에 적합한 형태로 데이터를 가공할 수 있다.

**준비물** ··········☆

- 지도자용 : 지도자용 PPT
- 학습자용 : 개인 노트북, 인터넷 활용이 가능한 환경, 필기도구

**토의하기** ··········☆

- 수집된 데이터를 기계학습에 가능한 형태로 만들어야 하는 이유를 적어 보세요.

# 엑셀 프로그램을 이용한 필요 데이터 추출하기

수집된 데이터 파일에서 여러분이 개발하고자 하는 인공지능 프로젝트에 필요한 데이터만을 추출하여 기계학습에 적합한 형태로 가공해 주어야 합니다.

먼저 엑셀 프로그램을 이용하여 여러분 프로젝트에 필요한 파일만 추출하도록 합니다. 엑셀 프로그램을 실행한 후 다운받은 데이터 파일을 열어서 데이터 파일 내용을 확인합니다. 그리고 여러분에게 필요한 데이터만을 남기고 나머지 부분은 삭제합니다. 마지막으로 인공지능 모델에 적합한 형태로 파이썬에서 가공할 수 있는 데이터 형태로 다시 저장합니다.

우리는 과거 데이터(2018년, 서울시, 월-일-시간대별: 날씨 데이터, 교통사고 사상자 수)를 이용하여 인공지능 예측 프로그램을 만든 후, 오늘의 날씨를 입력하면 오늘 교통사고로 사상자가 발생할 확률을 예측하려고 합니다. 이를 통해 운전을 하는 사람들이 교통사고로 불행한 일을 겪지 않도록 돕고자 하는 프로젝트를 개발하고자 합니다.

날씨 데이터는 'weather2018_seoul.csv' 파일에서 '기온, 강수량, 풍속, 습도, 적설'의 데이터를 월-일-시간대별로 추출하여 같은 이름으로 다시 저장합니다.

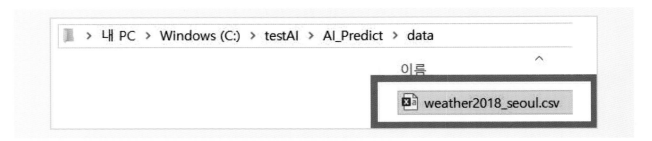

교통사고 사상자 수 데이터는 '도로교통공단_전국_사망교통사고정보(2018)' 파일에서 '2018년 서울시 사상자 수' 데이터를 월-일-시간대별로 추출하여 'trafficAccident2018_seoul.csv' 파일명으로 다시 저장합니다.

## 1. 2018년 서울시 날씨 데이터 추출하기

엑셀 프로그램을 이용하여 데이터를 분석·정제할 수 있습니다. 파이썬을 이용한 데이터 분석 및 정제 작업을 하기 전에, 엑셀에서 최대한 필요한 데이터를 추출해서 저장하도록 합니다.

우리 프로젝트에서 필요한 날씨 데이터에 대해 구체적으로 살펴보면 다음과 같습니다.

- 지역: 서울특별시
- 요소: 기온, 강수량, 풍속, 습도, 적설
- 기간: 2018년 1월 1일 00시 – 2018년 12월 23일 23시 / 시간대별
- 데이터 파일명: weather2018_seoul.csv

### 1.1 원시 데이터 파일 열어 내용 확인하기

원시 날씨 데이터 파일에서는 지점, 일시, 기온, 강수량, 풍속, 습도, 적설 등의 데이터 내용을 확인할 수 있습니다. 일시를 자세히 살펴보면 2018-01-01 0:00에서 시간대별로 정렬되어 있음을 알 수 있습니다. 우리 프로젝트에 필요한 내용들이 들어 있는 데이터를 잘 확보한 것 같습니다.

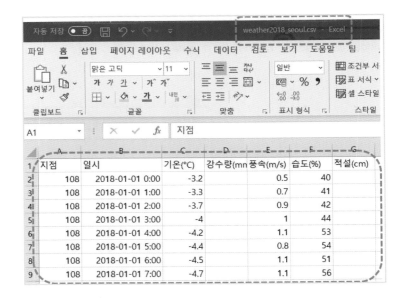

### 1.2 필요 없는 데이터 삭제하기

프로젝트에 필요한 데이터를 잘 수집하여 특별히 삭제할 데이터가 없습니다. 지점이 필요 없을 수 있지만 파이썬에서 파이썬 라이브러리를 이용하여 쉽게 작업할 수 있습니다.

### 1.3 데이터 파일명으로 저장하기

프로젝트에 사용할 데이터 파일명은 원시 데이터 파일명과 동일 파일명으로 저장합니다.

## 1.4 'UTF-8' 인코딩 형태로 데이터 파일 다시 저장하기

데이터 파일 'weather2018_seoul.csv'에서 마우스 오른쪽 버튼을 이용하여 Windows 메모장 프로그램으로 열기를 합니다. 아래에서 각각의 데이터가 콤마(,)로 구별된 것(csv파일)을 확인할 수 있습니다.

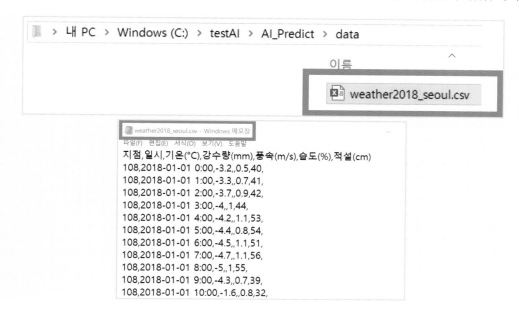

컴퓨터에서 한글이 정상적으로 입출력되게 하려면 문자 인코딩을 사용해야 합니다. 이러한 문자 인코딩 방식에는 대표적으로 ANSI와 UTF-8이 있습니다. 우리가 다운로드받은 두 데이터는 ANSI 인코딩 방식으로 배포되는데, 우리는 UTF-8 인코딩 방식으로 변경하여 프로젝트를 진행하겠습니다. 인코딩 방식에 대해서는 인터넷 등에서 검색하여 자세히 알아봅니다.

UTF-8 인코딩 방식으로 저장하기 위해서 '파일 – 다른 이름으로 저장(A)' 메뉴를 선택합니다.

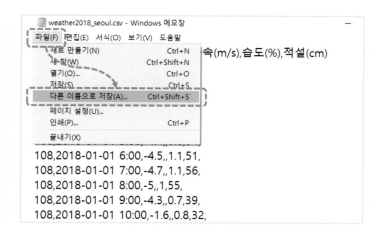

'다른 이름으로 저장' 창에서 하단에 '인코딩(E)' 옵션 중 'UTF-8'을 선택한 후 저장 버튼을 누릅니다.

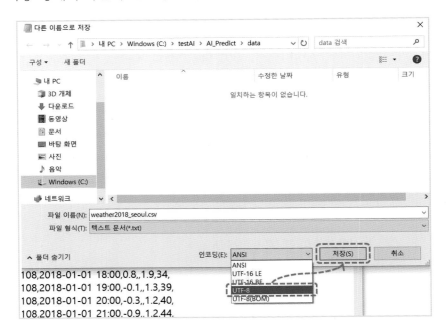

기존 데이터 파일명과 같기 때문에 현재 내용으로 바꿀 것인지에 대해 확인을 요청합니다. '예(Y)' 버튼을 클릭하여 저장하면 우리가 원하는 'UTF-8' 인코딩 방식으로 저장됩니다.

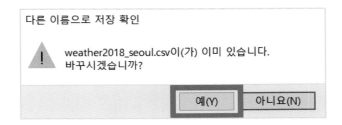

## 2. 2018년 서울시 교통사고 사상자 수 데이터 추출하기

앞에서 우리 프로젝트에 필요한 '2018년 서울시 날씨 데이터'를 추출하는 것과 같은 방식으로 '2018년 서울시 교통사고 사상자 수 데이터'를 추출해 봅니다.

우리 프로젝트에서 필요한 교통사고 사상자 수 데이터에 대해 구체적으로 살펴보면 다음과 같습니다.

• 지역: 서울특별시

• 요소: 사상자 수

• 기간: 2018년 1월 1일 00시 − 2018년 12월 23일 23시 / 시간대별

• 데이터 저장 파일명: trafficAccident2018_seoul.csv

### 2.1 원시 데이터 파일 열어 내용 확인하기

원시 날씨 데이터 파일에는 우리 프로젝트에 필요한 사상자 수 데이터 이외에 아주 많은 데이터들이 함께 있음을 확인할 수 있습니다. 일시 데이터를 자세히 살펴보면 시간대별로 정렬되어 있지 않음을 알 수 있습니다.

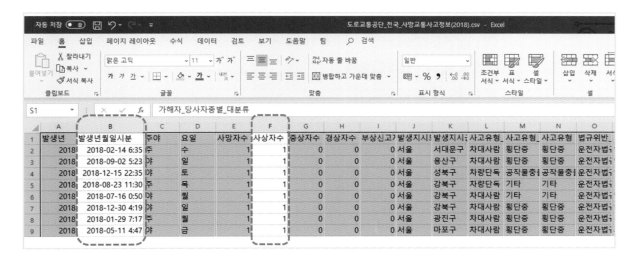

### 2.2 필요 없는 데이터 삭제하기

프로젝트에 필요한 '발생년월일시분'과 '사상자수' 이외의 데이터를 선택하여 모두 삭제합니다.

프로젝트에서 사용하기 위해서는 '발생년월일시분' 순서로 데이터를 다시 정렬해야 합니다. 전체 선택
(❶)을 한 후 메뉴에서 정렬 및 필터를 찾아 날짜/시간 오름차순 정렬(❷)을 선택합니다. 데이터 전체가 날
짜/시간 오름차순으로 정렬(❸)된 것을 확인할 수 있습니다.

  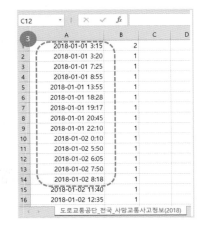

'발생년월일시분'과 '사상자수' 제목 타이틀이 맨 아래(❹)로 이동되었습니다. 이 부분만 잘라 내기 하여
맨 위로 붙여 넣기(❺) 하여 이동합니다.

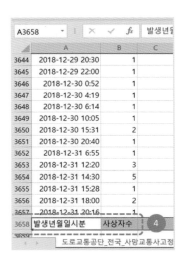 

### 2.3 데이터 파일명으로 저장하기

프로젝트에 사용할 데이터 파일명은 원시 데이터(전국 데이터) 파일명과 다른(서울시만) 파일명
'trafficAccident2018_seoul'으로 저장합니다. 저장 후 파일명을 확인해 보면 'trafficAccident2018_seoul.csv'
로 저장되어 있음을 확인할 수 있습니다.

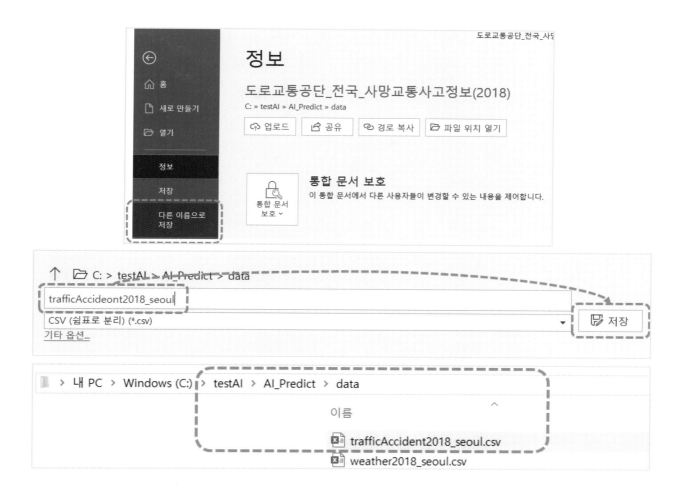

2.4 'UTF–8' 인코딩 형태로 데이터 파일 다시 저장하기

데이터 파일 'trafficAccident2018_seoul.csv'에서 마우스 오른쪽 버튼을 이용하여 Windows 메모장 프로그램으로 열기를 합니다. 아래에서 각각의 데이터가 콤마(,)로 구별된 것(csv파일)을 확인할 수 있습니다.

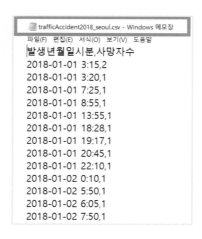

UTF-8 인코딩 방식으로 저장하기 위해서 '파일 – 다른 이름으로 저장(A)' 메뉴를 선택합니다. '다른 이름으로 저장' 창에서 하단에 '인코딩(E)' 옵션 중 'UTF-8'을 선택한 후 저장 버튼을 누릅니다.

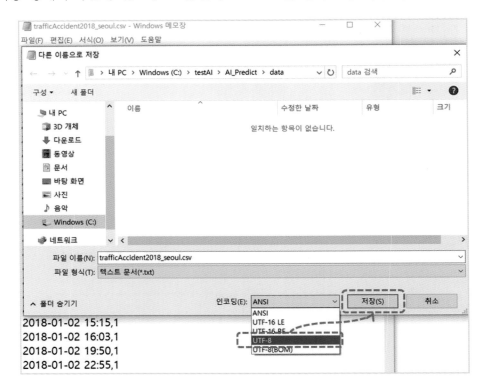

기존 데이터 파일명과 같기 때문에 현재 내용으로 바꿀 것인지에 대해 확인을 요청합니다. '예(Y)' 버튼을 클릭하여 저장하면 우리가 원하는 'UTF-8' 인코딩 방식으로 저장됩니다.

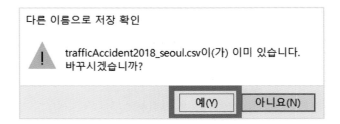

# 인공지능 모델에 적합한 형태로 데이터 가공하기

엑셀로 정리된 파일들을 인공지능 모델에 적합한 형태로 분석 및 처리하는 단계입니다. 여러 가지 방법이 있겠지만 여기서는 파이썬과 판다스 라이브러리를 이용합니다. 판다스 라이브러리를 사용하기 위해서 import 명령으로 pandas 라이브러리를 불러옵니다.

```
1  import pandas as pd
```

'as pd'는 'pandas'를 줄여서 'pd'로 표현하겠다는 의미입니다.

## 1. 날씨 데이터 분석 및 처리

### 1.1 날씨 데이터 불러오기

먼저 날씨 데이터를 불러와서 인공지능 모델에 적합한 형태로 데이터를 가공합니다.

pandas에서 엑셀 파일 csv를 읽는 명령은 'pd.read_csv()'입니다.

날씨 데이터 'weather2018_seoul.csv'를 UTF-8로 인코딩 방식으로 불러옵니다. 엑셀 파일을 UFT-8 형태로 저장했던 것을 생각해 봅니다. 불러온 파일은 데이터프레임(dataframe) 형태로 읽어 와 변수 weather_df에 저장합니다. 읽어 온 파일을 보기 위해서 head() 명령을 사용할 수 있습니다. head() 명령으로는 읽어 들인 데이터의 1행부터 5행까지를 출력할 수 있습니다. 만약 이 명령의 괄호( ) 안에 수를 입력하면 데이터가 출력되는 행의 개수를 변경할 수 있습니다. 예를 들어, head(30) 명령은 데이터의 1행부터 30행까지 출력하라는 것입니다.

```
1  weather_df = pd.read_csv('data/weather2018_seoul.csv', encoding='utf-8')
2  weather_df.head()
```

| | 지점 | 일시 | 기온(°C) | 강수량(mm) | 풍속(m/s) | 습도(%) | 적설(cm) |
|---|---|---|---|---|---|---|---|
| 0 | 108 | 2018-01-01 0:00 | -3.2 | NaN | 0.5 | 40 | NaN |
| 1 | 108 | 2018-01-01 1:00 | -3.3 | NaN | 0.7 | 41 | NaN |
| 2 | 108 | 2018-01-01 2:00 | -3.7 | NaN | 0.9 | 42 | NaN |
| 3 | 108 | 2018-01-01 3:00 | -4.0 | NaN | 1.0 | 44 | NaN |
| 4 | 108 | 2018-01-01 4:00 | -4.2 | NaN | 1.1 | 53 | NaN |

출력 화면의 첫 행에는 '지점, 일시, 기온, 강수량, 풍속, 습도, 적설'이 있는데 이를 헤더(header)라고 부릅니다. 각 헤더의 아래에는 1시간 간격으로 데이터값이 입력되어 있는 것을 확인할 수 있습니다. 데이터를 읽어 오면 직접 csv 파일을 열지 않고도 데이터 정보를 얻을 수 있습니다. 여기에서 수정된 내용은 csv 파일에 직접 영향을 미치지 않습니다. 최종 수정 후에는 별도 파일(data_clean.csv)로 저장할 계획입니다.

### 1.2 필요 없는 데이터 삭제하기

불러올 파일 내용 중에는 우리 프로젝트에 필요 없는 데이터도 있습니다. 날씨 데이터를 확인해 보면 열에 "지점"이 있습니다. 날씨를 관측한 장소를 기록한 것 같은데 모두 같은 장소(서울)의 데이터이므로 필요가 없습니다. 이 데이터는 삭제하겠습니다. 삭제할 때는 drop() 명령을 사용합니다. axis 옵션은 삭제할 데이터가 행인지 열인지를 결정합니다. 'axis=0'은 행, 'axis=1'은 열을 의미합니다. '지점' 열의 모든 데이터를 삭제하려고 하기 때문에 axis는 1로 합니다.

```
1  weather_df = weather_df.drop("지점", axis=1)
2  weather_df.head()
```

| | 일시 | 기온(°C) | 강수량(mm) | 풍속(m/s) | 습도(%) | 적설(cm) |
|---|---|---|---|---|---|---|
| 0 | 2018-01-01 0:00 | -3.2 | NaN | 0.5 | 40 | NaN |
| 1 | 2018-01-01 1:00 | -3.3 | NaN | 0.7 | 41 | NaN |
| 2 | 2018-01-01 2:00 | -3.7 | NaN | 0.9 | 42 | NaN |
| 3 | 2018-01-01 3:00 | -4.0 | NaN | 1.0 | 44 | NaN |
| 4 | 2018-01-01 4:00 | -4.2 | NaN | 1.1 | 53 | NaN |

### 1.3 헤더명 "일시"를 "년월일시"로 변경하기

헤더명은 데이터값을 대표하는 이름입니다. 헤더명 "일시"를 좀 더 구체적으로 "년월일시"로 변경하겠습니다. 헤더명을 변경할 때는 rename() 명령을 사용합니다.

'inplace=True' 옵션은 변수 내용을 바로 변경하라는 의미입니다. 쉽게 말하면 'weather_df의 헤더명을 변경하고, 다시 변수 weather_df에 담으세요.'라는 두 가지 명령을 한 번에 해 주는 옵션입니다.

```
1  weather_df.rename(columns = {'일시':'년월일시'}, inplace=True)
2  weather_df.head()
```

|   | 년월일시 | 기온(°C) | 강수량(mm) | 풍속(m/s) | 습도(%) | 적설(cm) |
|---|---|---|---|---|---|---|
| 0 | 2018-01-01 0:00 | -3.2 | NaN | 0.5 | 40 | NaN |
| 1 | 2018-01-01 1:00 | -3.3 | NaN | 0.7 | 41 | NaN |
| 2 | 2018-01-01 2:00 | -3.7 | NaN | 0.9 | 42 | NaN |
| 3 | 2018-01-01 3:00 | -4.0 | NaN | 1.0 | 44 | NaN |
| 4 | 2018-01-01 4:00 | -4.2 | NaN | 1.1 | 53 | NaN |

### 1.4 "년월일시" 열을 기준으로 인덱싱하기

이제 "년월일시"의 데이터값을 행의 헤더명으로 변경하는 작업을 해 보겠습니다. 이 작업을 하게 되면 '2018-**-** **:**'에 기온, 강수량, 풍속, 습도, 적설에 대한 데이터값을 더 쉽게 찾아볼 수 있습니다. 이러한 작업을 '인덱싱'이라고 하고, 색인을 만드는 작업이라고 합니다. 보통 한 개 또는 그 이상의 열(colums)을 색인으로 변경하여 특정 데이터값을 쉽게 찾으려고 할 때 사용됩니다. set_index() 명령으로 특정 열을 인덱스로 변경할 수 있습니다.

```
1  weather_df.set_index(weather_df['년월일시'], inplace=True)
2  weather_df.head()
```

| | 년월일시 | 기온(°C) | 강수량(mm) | 풍속(m/s) | 습도(%) | 적설(cm) |
|---|---|---|---|---|---|---|
| **년월일시** | | | | | | |
| 2018-01-01 0:00 | 2018-01-01 0:00 | -3.2 | NaN | 0.5 | 40 | NaN |
| 2018-01-01 1:00 | 2018-01-01 1:00 | -3.3 | NaN | 0.7 | 41 | NaN |
| 2018-01-01 2:00 | 2018-01-01 2:00 | -3.7 | NaN | 0.9 | 42 | NaN |
| 2018-01-01 3:00 | 2018-01-01 3:00 | -4.0 | NaN | 1.0 | 44 | NaN |
| 2018-01-01 4:00 | 2018-01-01 4:00 | -4.2 | NaN | 1.1 | 53 | NaN |

### 1.5 "년월일시" 열 삭제하기

"년월일시" 열이 맨 좌측으로 옮겨지면서 인덱스로 설정되었습니다. 그런데 기존의 "년월일시" 열이 그대로 있습니다. 필요 없는 열이므로 drop() 명령으로 삭제하겠습니다.

```
1  weather_df= weather_df.drop('년월일시', axis=1)
2  weather_df.head()
```

|  | 기온(°C) | 강수량(mm) | 풍속(m/s) | 습도(%) | 적설(cm) |
|---|---|---|---|---|---|
| **년월일시** | | | | | |
| 2018-01-01 0:00 | -3.2 | NaN | 0.5 | 40 | NaN |
| 2018-01-01 1:00 | -3.3 | NaN | 0.7 | 41 | NaN |
| 2018-01-01 2:00 | -3.7 | NaN | 0.9 | 42 | NaN |
| 2018-01-01 3:00 | -4.0 | NaN | 1.0 | 44 | NaN |
| 2018-01-01 4:00 | -4.2 | NaN | 1.1 | 53 | NaN |

자! 이제 날씨 데이터는 인공지능 모델에 적합한 형태로 준비되었습니다. 이번 프로젝트에서 2018년 1년간 시간대별로 '기온, 강수량, 풍속, 습도, 적설'의 날씨 데이터를 사용하게 됩니다. 이제 다음 활동에서는 교통사고 데이터를 정리해 보겠습니다.

## 2. 교통사고 데이터 분석 및 처리

### 2.1 교통사고 데이터 불러오기

교통사고정보 데이터 'trafficAccident2018_seoul.csv'를 데이터프레임 형태로 읽어 와 변수 'accident_df'에 저장합니다. encoding 옵션은 UTF-8로 지정합니다. 날씨 데이터와 같은 방식으로 읽어 들인 파일의 내용을 보기 위해 head() 명령을 사용합니다.

```
1  accident_df = pd.read_csv('data/trafficAccident2018_seoul.csv', encoding='utf-8')
2  accident_df.head()
```

|  | 발생년 | 발생년월일시분 | 주야 | 요일 | 사망자수 | 사상자수 | 중상자수 | 경상자수 | 부상신고자수 | 발생지시도 |
|---|---|---|---|---|---|---|---|---|---|---|
| 0 | 2018 | 2018-01-01 19:17 | 야 | 월 | 1 | 1 | 0 | 0 | 0 | 서울 |
| 1 | 2018 | 2018-01-03 6:05 | 주 | 수 | 2 | 2 | 0 | 0 | 0 | 서울 |
| 2 | 2018 | 2018-01-04 6:55 | 주 | 목 | 1 | 1 | 0 | 0 | 0 | 서울 |
| 3 | 2018 | 2018-01-04 7:29 | 주 | 목 | 1 | 1 | 0 | 0 | 0 | 서울 |
| 4 | 2018 | 2018-01-04 14:20 | 주 | 목 | 1 | 1 | 0 | 0 | 0 | 서울 |

head() 명령으로 전체 데이터 중 5번째 행까지 볼 수 있습니다.

데이터의 첫 행에는 발생년, 발생년월일시분, 주야, 요일, 사망자수, 사상사주, 중상자수, 경상자수, 부상신고자수, 발생지시도의 헤더가 있습니다.

### 2.2 교통사고정보 데이터에서 필요 없는 열을 삭제하기

교통사고정보 데이터를 확인해 보면 많은 열이 있습니다. 우리 프로젝트에서는 '발생년월일시분'과 '사상자수'가 필요합니다. 나머지 열은 drop() 명령으로 삭제하겠습니다.

```
1  accident_df = pd.read_csv('data/trafficAccident2018_seoul.csv', encoding='utf-8')
2  accident_df.head()
```

| | 발생년 | 발생년월일시분 | 주야 | 요일 | 사망자수 | 사상자수 | 중상자수 | 경상자수 | 부상신고자수 | 발생지시도 |
|---|---|---|---|---|---|---|---|---|---|---|
| 0 | 2018 | 2018-01-01 19:17 | 야 | 월 | 1 | 1 | 0 | 0 | 0 | 서울 |
| 1 | 2018 | 2018-01-03 6:05 | 주 | 수 | 2 | 2 | 0 | 0 | 0 | 서울 |
| 2 | 2018 | 2018-01-04 6:55 | 주 | 목 | 1 | 1 | 0 | 0 | 0 | 서울 |
| 3 | 2018 | 2018-01-04 7:29 | 주 | 목 | 1 | 1 | 0 | 0 | 0 | 서울 |
| 4 | 2018 | 2018-01-04 14:20 | 주 | 목 | 1 | 1 | 0 | 0 | 0 | 서울 |

```
1  accident_df = accident_df.drop(["발생년", "주야", "요일", "사망자수", "중상자수",
2                                  "경상자수", "부상신고자수", "발생지시도"], axis = 1)
3  accident_df.head()
```

| | 발생년월일시분 | 사상자수 |
|---|---|---|
| 0 | 2018-01-01 19:17 | 1 |
| 1 | 2018-01-03 6:05 | 2 |
| 2 | 2018-01-04 6:55 | 1 |
| 3 | 2018-01-04 7:29 | 1 |
| 4 | 2018-01-04 14:20 | 1 |

여기서 한 가지 생각해 봐야 할 내용이 있습니다. '발생년월시분'에서 동일 시간에 데이터값이 여럿 있을 수 있습니다. 우리는 2018년 1년간 시간대별 교통사고 사상자수 데이터가 필요합니다. 그래서 '발생년월일시분' 열의 데이터값에서 동일 시간에 여러 데이터가 있는 경우는 '사상자수' 데이터값을 합쳐서 시간대별로 '사상자수'가 나올 수 있도록 하는 작업이 필요합니다. 예를 들어 그림으로 설명하면 아래와 같은 경우입니다. 2018년 2월 4일 05:00에 두 번의 교통사고가 발생하였고, 사상자 수는 각각 1, 1❶

로 표기되어 있습니다. 이를 05:00에 두 번 발생한 사상자 수를 합쳐(❷) 시간대별 합친 사상자 수로 표기되게 합니다.

```
1  accident_df.loc["2018-02-04 02:00:00":"2018-02-04 07:00:00", '사상자수']
```
```
년월일시
2018-02-04 02:00:00    1
2018-02-04 05:00:00    1
2018-02-04 05:00:00    1     ①
2018-02-04 07:00:00    1
Name: 사상자수, dtype: int64
```
```
1  accident_df.loc["2018-02-04 02:00:00":"2018-02-04 07:00:00", '사상자수']
```
```
년월일시
2018-02-04 02:00:00    1
2018-02-04 03:00:00    0
2018-02-04 04:00:00    0
2018-02-04 05:00:00    2     ②
2018-02-04 06:00:00    0
2018-02-04 07:00:00    1
Freq: H, Name: 사상자수, dtype: int64
```

이러한 경우를 해결하기 위해서는 다소 복잡한 과정을 거쳐야 합니다. 이를 다음 단계에서 살펴보도록 합시다.

2.3 인덱스 값이 중복된 경우 중복을 제거하고 데이터값 합치기

pandas의 apply() 명령으로 파이썬의 함수를 데이터프레임에 적용할 수 있게 하고, 파이썬의 lambda 함수와 pd.to_datetime()을 사용해 "발생년월일시분" 열의 데이터값을 일괄 '%Y-%m-%d %H' 포맷으로 바꾸도록 하겠습니다.

```
1  accident_df['발생년월일시분'] = accident_df['발생년월일시분'] ₩
2          .apply(lambda x: pd.to_datetime(str(x), format='%Y-%m-%d %H'))
3  accident_df.head()
```

|   | 발생년월일시분 | 사상자수 |
|---|---|---|
| 0 | 2018-01-01 19:17:00 | 1 |
| 1 | 2018-01-03 06:05:00 | 2 |
| 2 | 2018-01-04 06:55:00 | 1 |
| 3 | 2018-01-04 07:29:00 | 1 |
| 4 | 2018-01-04 14:20:00 | 1 |

위와 같이 데이터가 변경되어 출력됩니다. 그런데 우리에게 필요한 데이터는 시간대별 '사상자수'입니다. 따라서 동일 시간에 다른 분에 발생한 '사상자수'는 모두 합쳐서 시간대별로 '사상자수'가 나타나도록 해야 합니다. 그러기 위해서 일단은 '발생년월일시분'에서 분 단위(❶)는 무시하고 시 단위(❷)까지만 나타나도록 합니다.

### 2.4. 인덱스명 '발생년월일시분'를 '년월일시'로 변경하기

날씨 데이터의 인덱스명을 '년월일시'로 정한 것을 기억하시나요? 교통사고정보 데이터에서도 같은 인덱스명을 사용하기 위해 다음과 같이 변경하겠습니다. '발생년월일시분' 열의 헤더명을 '년월일시'로 변경하도록 합니다.

```
1  accident_df.rename(columns = {"발생년월일시분": "년월일시"}, inplace = True)
2  accident_df.head()
```

|   | 년월일시 | 사상자수 |
|---|---|---|
| 0 | 2018-01-01 19:00:00 | 1 |
| 1 | 2018-01-03 06:00:00 | 2 |
| 2 | 2018-01-04 06:00:00 | 1 |
| 3 | 2018-01-04 07:00:00 | 1 |
| 4 | 2018-01-04 14:00:00 | 1 |

2.5 '년월일시' 열을 기준으로 인덱싱하기

앞에서 해 보았듯이 set_index() 명령으로 '년월일시' 열을 기준으로 인덱싱한 후에 drop() 명령으로 '년월일시' 열을 삭제하겠습니다.

```
1  accident_df.set_index(accident_df['년월일시'], inplace=True)
2  accident_df.head()
```

|  | 년월일시 | 사상자수 |
| --- | --- | --- |
| 년월일시 |  |  |
| 2018-01-01 19:00:00 | 2018-01-01 19:00:00 | 1 |
| 2018-01-03 06:00:00 | 2018-01-03 06:00:00 | 2 |
| 2018-01-04 06:00:00 | 2018-01-04 06:00:00 | 1 |
| 2018-01-04 07:00:00 | 2018-01-04 07:00:00 | 1 |
| 2018-01-04 14:00:00 | 2018-01-04 14:00:00 | 1 |

```
1  accident_df = accident_df.drop('년월일시', axis=1)
2  accident_df.head()
```

|  | 사상자수 |
| --- | --- |
| 년월일시 |  |
| 2018-01-01 19:00:00 | 1 |
| 2018-01-03 06:00:00 | 2 |
| 2018-01-04 06:00:00 | 1 |
| 2018-01-04 07:00:00 | 1 |
| 2018-01-04 14:00:00 | 1 |

2.6 '년월일시' 열을 기준으로 동일 시간 '사상자수' 데이터 합치기

'년월일시' 데이터에서 시간이 중복된 '사상자수' 데이터값을 합쳐야 합니다. 이 작업은 resample() 명령과 파이썬의 numpy 라이브러리의 np.sum 기능을 이용하면 코드 한 줄로 가능합니다.

```
1   import numpy as np
2   accident_df = accident_df.resample('H').apply({'사상자수': np.sum}, axis=1).fillna(0)
3   accident_df.head()
```

|  | 사상자수 |
| --- | --- |
| **년월일시** | |
| **2018-01-01 19:00:00** | 1 |
| 2018-01-01 20:00:00 | 0 |
| **2018-01-01 21:00:00** | 0 |
| 2018-01-01 22:00:00 | 0 |
| **2018-01-01 23:00:00** | 0 |

위의 결과를 확인해 봅니다. 아래의 2018-02-04 05:00:00 1 데이터가 두 개입니다. 두 데이터를 합치면 결과는 '2018-02-04 05:00:00 2'가 되어야 합니다. 아래 명령을 입력하여 결과를 확인해 봅니다.

```
1   accident_df.loc["2018-02-04 02:00:00":"2018-02-04 07:00:00", '사상자수']
```
```
년월일시
2018-02-04 02:00:00    1
2018-02-04 05:00:00    1
2018-02-04 05:00:00    1
2018-02-04 07:00:00    1
Name: 사상자수, dtype: int64
```

과연 잘 바뀌었을까요? 한번 확인해 봅시다.

```
1   accident_df.loc["2018-02-04 02:00:00":"2018-02-04 07:00:00", '사상자수']
```
```
년월일시
2018-02-04 02:00:00    1
2018-02-04 03:00:00    0
2018-02-04 04:00:00    0
2018-02-04 05:00:00    2
2018-02-04 06:00:00    0
2018-02-04 07:00:00    1
Freq: H, Name: 사상자수, dtype: int64
```

위와 같이 출력되었다면 여러분은 2018년 서울시의 시간대별 교통사고 데이터를 확보하게 된 것입니다. 다시 한 번 최종 결과를 head() 명령을 이용해서 출력해 보면 다음과 같습니다.

```
1  accident_df.head()
```

| 년월일시 | 사상자수 |
|---|---|
| 2018-01-01 19:00:00 | 1 |
| 2018-01-01 20:00:00 | 0 |
| 2018-01-01 21:00:00 | 0 |
| 2018-01-01 22:00:00 | 0 |
| 2018-01-01 23:00:00 | 0 |

자! 이제 교통사고정보 데이터도 프로젝트에서 사용할 수 있게 모두 준비되었습니다.

### 3. 날씨 데이터와 교통사고 데이터를 하나로 합치기

우리는 지금 2018년 서울시의 날씨에 따른 교통사고 사상자 수를 활용하여, 미래의 특정 날짜의 날씨 예보 데이터를 활용하여 그날의 교통사고 사상자 수를 예측하는 인공지능 시스템을 개발하고 있습니다. 따라서 2018년 시간대별로 '날씨'와 '교통사고 사상자 수' 사이에 어떤 상관관계가 있는지를 파악해야 합니다. 그러기 위해서 날씨 데이터와 교통사고 데이터를 '년월일시'를 기준으로 하나의 데이터로 만들어야 합니다. 하나로 합쳐진 새로운 데이터를 만들어 csv 파일(data_clean.csv)로 저장할 것입니다.

#### 3.1 날씨 데이터와 교통사고 데이터 불러오기

먼저 위의 1, 2에서 작업한 두 데이터를 불러와서 내용을 다시 한 번 확인합니다.

• 날씨 데이터 불러오기

```
1  weather_df.head()
```

|  | 기온(°C) | 강수량(mm) | 풍속(m/s) | 습도(%) | 적설(cm) |
| --- | --- | --- | --- | --- | --- |
| 년월일시 |  |  |  |  |  |
| 2018-01-01 0:00 | -3.2 | NaN | 0.5 | 40 | NaN |
| 2018-01-01 1:00 | -3.3 | NaN | 0.7 | 41 | NaN |
| 2018-01-01 2:00 | -3.7 | NaN | 0.9 | 42 | NaN |
| 2018-01-01 3:00 | -4.0 | NaN | 1.0 | 44 | NaN |
| 2018-01-01 4:00 | -4.2 | NaN | 1.1 | 53 | NaN |

• 교통사고 정보 데이터 불러오기

```
1  accident_df.head()
```

|  | 사상자수 |
| --- | --- |
| 년월일시 |  |
| 2018-01-01 19:00:00 | 1 |
| 2018-01-01 20:00:00 | 0 |
| 2018-01-01 21:00:00 | 0 |
| 2018-01-01 22:00:00 | 0 |
| 2018-01-01 23:00:00 | 0 |

인덱스 "년월일시"의 표현이 조금은 다르지만 두 데이터 모두 타임스탬프형으로 표현되어 있기 때문에 두 데이터를 병합하는 데 어려움은 없습니다.

3.2 인덱스를 기준으로 두 데이터 병합하기

pd.merge() 명령으로 두 데이터를 병합할 수 있습니다. 두 데이터를 병합할 때는 데이터의 열 또는 인덱스를 기준으로 병합하는데, 그 기준은 옵션으로 정해 줄 수 있습니다.

how='outer' 옵션은 데이터값이 두 데이터 중 어느 하나에만 있어도 병합되는 방식입니다.

left_index=True, right_index=True 옵션은 두 데이터의 인덱스를 기준으로 병합하겠다는 의미입니다. 두 데이터가 병합되어 인덱스 '년월일시'의 첫 행이 2018-01-01 00:00:00에서 시작되고, '사상자수' 열이 오른쪽에 추가된 것을 확인할 수 있습니다.

```
1  clean_df = pd.merge(weather_df, accident_df, how='outer',
2                      left_index = True, right_index = True)
3  clean_df.head()
```

| 년월일시 | 기온(°C) | 강수량(mm) | 풍속(m/s) | 습도(%) | 적설(cm) | 사상자수 |
|---|---|---|---|---|---|---|
| 2018-01-01 00:00:00 | -3.2 | NaN | 0.5 | 40 | NaN | NaN |
| 2018-01-01 01:00:00 | -3.3 | NaN | 0.7 | 41 | NaN | NaN |
| 2018-01-01 02:00:00 | -3.7 | NaN | 0.9 | 42 | NaN | NaN |
| 2018-01-01 03:00:00 | -4.0 | NaN | 1.0 | 44 | NaN | NaN |
| 2018-01-01 04:00:00 | -4.2 | NaN | 1.1 | 53 | NaN | NaN |

위의 데이터에서 NaN(Not a Number)은 데이터값이 숫자가 아님을 나타내는 기호입니다. 이렇게 NaN으로 표현된 데이터값은 fillna() 명령을 이용해 원하는 데이터값으로 변경할 수 있습니다. 우리는 비어 있는 데이터값이 모두 0에 해당한다고 판단하고 NaN으로 표현되는 데이터값을 0으로 변경할 것입니다.

```
1  clean_df = clean_df.fillna(0)
2  clean_df.head()
```

| 년월일시 | 기온(°C) | 강수량(mm) | 풍속(m/s) | 습도(%) | 적설(cm) | 사상자수 |
|---|---|---|---|---|---|---|
| 2018-01-01 00:00:00 | -3.2 | 0.0 | 0.5 | 40 | 0.0 | 0.0 |
| 2018-01-01 01:00:00 | -3.3 | 0.0 | 0.7 | 41 | 0.0 | 0.0 |
| 2018-01-01 02:00:00 | -3.7 | 0.0 | 0.9 | 42 | 0.0 | 0.0 |
| 2018-01-01 03:00:00 | -4.0 | 0.0 | 1.0 | 44 | 0.0 | 0.0 |
| 2018-01-01 04:00:00 | -4.2 | 0.0 | 1.1 | 53 | 0.0 | 0.0 |

NaN으로 표현되었던 데이터값이 0.0으로 바뀐 것을 알 수 있습니다. 0.0으로 표현된 이유는 NaN이 실수형에서 정의되는 기호이기 때문입니다. 그런데 '사상자수' 열의 데이터값은 '사람 수'를 의미하는데 소수점이 있는 실수형으로 표현되어 있는 것이 좀 못마땅합니다. 문제되는 부분은 아니지만 소수점이 없는 정수형으로 변경하고 싶습니다. 이럴 때는 astype() 명령을 사용합니다.

```
1  clean_df['사상자수'] = clean_df['사상자수'].astype(int)
2  clean_df.head()
```

| 년월일시 | 기온(°C) | 강수량(mm) | 풍속(m/s) | 습도(%) | 적설(cm) | 사상자수 |
|---|---|---|---|---|---|---|
| 2018-01-01 00:00:00 | -3.2 | 0.0 | 0.5 | 40 | 0.0 | 0 |
| 2018-01-01 01:00:00 | -3.3 | 0.0 | 0.7 | 41 | 0.0 | 0 |
| 2018-01-01 02:00:00 | -3.7 | 0.0 | 0.9 | 42 | 0.0 | 0 |
| 2018-01-01 03:00:00 | -4.0 | 0.0 | 1.0 | 44 | 0.0 | 0 |
| 2018-01-01 04:00:00 | -4.2 | 0.0 | 1.1 | 53 | 0.0 | 0 |

[ 참고 ]
astype() 명령에서 괄호() 안에 int를 넣으면 정수형, float를 넣으면 실수형으로 변경하겠다는 의미입니다.

info() 명령을 사용하여 clean_df 내용을 알아봅니다. 아래 내용에서 index가 총 8,760개가 있고, 6개의 열이 있습니다. 각각의 모든 데이터가 동일하게 8,760개가 있음을 확인할 수 있습니다.

```
1  clean_df.info()
<class 'pandas.core.frame.DataFrame'>
DatetimeIndex: 8760 entries, 2018-01-01 00:00:00 to 2018-12-31 23:00:00
Data columns (total 6 columns):
기온(°C)      8760 non-null float64
강수량(mm)     8760 non-null float64
풍속(m/s)     8760 non-null float64
습도(%)       8760 non-null int64
적설(cm)      8760 non-null float64
사상자수        8760 non-null int32
dtypes: float64(4), int32(1), int64(1)
memory usage: 444.8 KB
```

### 3.3 인공지능 모델 학습을 위한 데이터(clean_df)를 csv 파일로 저장하기

인공지능 모델 학습을 위해 최종 결과 데이터 clean_df를 csv 파일로 저장해 봅시다. csv 파일로 저장할 때는 to_csv() 명령을 이용합니다. mode='w' 옵션은 쓰기(write)를 의미합니다. 'clean_df를 clean_data.csv 파일에 저장한다'고 생각하시면 됩니다.

encoding='utf-8'는 한글을 UTF-8 문자 인코딩 방식으로 표현한다는 의미입니다.

파일이 저장되었는지 확인하기 위해 import os부터 명령을 입력하여 os.listdir() 명령으로 확인해 봅니다.

```
1  clean_df.to_csv("data/clean_data.csv", mode='w', encoding='utf-8')
```

```
1  import os
2  os.getcwd()
3  os.chdir("c:/testAI/AI_Predict/data")
```

```
1  os.listdir()
```
```
['clean_data.csv',
```

# 4단계: Modeling

4단계는 Modeling(모델링) 단계입니다. 이 단계의 주요 목표는 알고리즘을 구현하고 최상의 결과를 제공하는 인공지능 모델을 만들고 데이터를 훈련시키는 것입니다.

## 활동목표

- 인공지능 모델, 훈련, 학습의 의미를 이해할 수 있다.
- 기계학습을 위한 소스코드를 간단히 설명할 수 있다.
- 학습된 모델을 테스트하여 그 결과를 평가할 수 있다.
- tensorflow 라이브러리, 학습에 사용되는 예측값(hypothesis), 비용 함수(cost), 최적화 함수(optimizer) 등의 의미를 간단히 설명할 수 있다.

## 준비물 ·········☆

- 지도자용: 데이터, 개인 노트북, 지도자용 PPT
- 학습자용: 데이터, 개인 노트북, 인터넷 활용이 가능한 환경, 필기도구

## 토의하기 ·········☆

- 인공지능 모델, 훈련, 학습은 어떤 의미인가요?

## Activity 01

# 기계학습으로 모델 학습시키기

서울시의 2018년 시간대별 날씨 데이터와 교통사고정보 데이터를 활용하여 선형 회귀 분석을 통해 날씨에 따른 교통사고 사상자 수를 예측하는 학습된 모델을 만들고, 플라스크 웹 서버를 이용해 웹으로 서비스해 보는 프로젝트입니다. 용어가 다소 어려운 부분은 그냥 넘어가도 좋습니다. 개략적으로 인공지능 모델, 학습, 그리고 예측을 통한 결과 확인 등의 실습 활동을 통해 조금씩 인공지능에 대한 이해를 넓혀 가는 게 이번 프로젝트의 궁극적인 목적이기 때문입니다.

먼저 이번 활동에서 무엇을 해야 하는지, 어떤 소스코드가 있는지 살펴보겠습니다.

**[ 활동 단계 ]**

step 1  필요한 파이썬 라이브러리 가져오기

step 2  기계학습에 사용할 데이터 불러오기

step 3  독립변수와 종속변수 설정

step 4  선형 회귀 분석 모델 학습시키기 및 학습된 모델 저장하기

### Step 1  필요한 파이썬 라이브러리 가져오기

기계학습을 하기 위해서는 파이썬의 tensorflow, numpy 그리고 pandas 라이브러리가 필요합니다. import 명령으로 라이브러리를 가져옵니다. 옵션인 'as tf'는 tensorflow를 줄여서 tf로, 'as np'는 numpy를 줄여서 np로, 'as pd'는 pandas를 줄여서 pd로 사용하겠다는 의미입니다.

```
In [1]:    1   import pandas as pd
           2   import numpy as np
           3   import tensorflow as tf
```

pd.read_csv() 명령으로 데이터 핸들링으로 만든 clean_data.csv 파일을 데이터프레임 형태로 불러옵니다. head() 명령으로 데이터를 확인합니다.

```
In [2]:   1  data_df = pd.read_csv('data/clean_data.csv', encoding='utf-8')
          2  data_df.head()
```

Out[2]:

| | 년월일시 | 기온(°C) | 강수량(mm) | 풍속(m/s) | 습도(%) | 적설(cm) | 사상자수 |
|---|---|---|---|---|---|---|---|
| 0 | 2018-01-01 00:00:00 | -3.2 | 0.0 | 0.5 | 40 | 0.0 | 0 |
| 1 | 2018-01-01 01:00:00 | -3.3 | 0.0 | 0.7 | 41 | 0.0 | 0 |
| 2 | 2018-01-01 02:00:00 | -3.7 | 0.0 | 0.9 | 42 | 0.0 | 0 |
| 3 | 2018-01-01 03:00:00 | -4.0 | 0.0 | 1.0 | 44 | 0.0 | 0 |
| 4 | 2018-01-01 04:00:00 | -4.2 | 0.0 | 1.1 | 53 | 0.0 | 0 |

데이터를 확인해 보니 '년월일시' 열의 데이터값은 프로젝트 진행과는 관계가 없습니다. 우리 프로젝트는 2018년 전체 시간대별 날씨 데이터와 교통사고정보 데이터 간의 상관관계를 분석하여, 앞으로의 날씨 예보를 이용하여 교통사고 발생 확률을 예측하려고 하기 때문입니다. 그래서 drop() 명령을 통해 '년월일시' 열을 삭제하겠습니다.

```
In [3]:   1  data_df = data_df.drop('년월일시', axis=1)
          2  data_df.head()
```

Out[3]:

| | 기온(°C) | 강수량(mm) | 풍속(m/s) | 습도(%) | 적설(cm) | 사상자수 |
|---|---|---|---|---|---|---|
| 0 | -3.2 | 0.0 | 0.5 | 40 | 0.0 | 0 |
| 1 | -3.3 | 0.0 | 0.7 | 41 | 0.0 | 0 |
| 2 | -3.7 | 0.0 | 0.9 | 42 | 0.0 | 0 |
| 3 | -4.0 | 0.0 | 1.0 | 44 | 0.0 | 0 |
| 4 | -4.2 | 0.0 | 1.1 | 53 | 0.0 | 0 |

**Step 3** 독립변수와 종속변수 설정

프로젝트에서 사용되는 데이터 중에서 "기온, 강수량, 풍속, 습도, 적설"은 독립변수로 설정하고, 예측하려고 하는 "사상자수"는 종속변수로 설정합니다. 파이썬의 numpy 라이브러리로 이용합니다. 데이터프레임을 numpy에서 사용되는 배열로 변환하는 명령은 np.array()입니다. 이 명령으로 step2에서 불러온 데이터 data_df를 numpy의 2차원 배열로 변환할 수 있습니다. 먼저 아래 명령을 정확히 입력하여 결과를 확인해 봅니다.

```
In [4]:    1 xy = np.array(data_df, dtype=np.float32)
           2 print(xy)
           3 x_data = xy[:, :-1]
           4 y_data = xy[:, -1:]
           5 print(x_data)
           6 print(y_data)
```

```
[[-3.2  0.   0.5 40.   0.   0. ]
 [-3.3  0.   0.7 41.   0.   0. ]
 [-3.7  0.   0.9 42.   0.   0. ]
 ...
 [-4.6  0.   1.1 44.   0.   0. ]
 [-5.4  0.   1.3 46.   0.   0. ]
 [-5.2  0.   1.6 47.   0.   0. ]]
[[-3.2  0.   0.5 40.   0. ]
 [-3.3  0.   0.7 41.   0. ]
 [-3.7  0.   0.9 42.   0. ]
 ...
 [-4.6  0.   1.1 44.   0. ]
 [-5.4  0.   1.3 46.   0. ]
 [-5.2  0.   1.6 47.   0. ]]
[[0.]
 [0.]
 [0.]
 ...
 [0.]
 [0.]
 [0.]]
```

xy에 데이터가 어떻게 들어가 있는지 궁금하지 않습니까? 그리고 2차원 배열이 무엇인지도 궁금하지 않습니까? print() 명령을 통해 확인해 봅니다.

```
    1 xy = np.array(data_df, dtype=np.float32)
    2 print(xy)
```

```
[[-3.2  0.   0.5 40.   0.   0. ]
 [-3.3  0.   0.7 41.   0.   0. ]
 [-3.7  0.   0.9 42.   0.   0. ]
 ...
 [-4.6  0.   1.1 44.   0.   0. ]
 [-5.4  0.   1.3 46.   0.   0. ]
 [-5.2  0.   1.6 47.   0.   0. ]]
```

데이터의 한 행, 한 행이 파이썬의 리스트 형태로 들어가 있고, 이를 묶는 또 하나의 대괄호[ ]가 있습니다. 이것이 numpy의 2차원 배열입니다.

독립변수는 x_data에 할당합니다. 독립변수의 데이터값은 numpy의 2차원 배열 xy의 맨 오른쪽 열을 제외한 전체에 해당되므로 xy[ : , :−1]로 표현합니다. 대괄호[ ] 안에서 콤마를 기준으로 왼쪽은 xy의 행의 범위, 오른쪽은 xy의 열의 범위를 의미합니다.

```
  3  x_data = xy[:, :-1]

[[-3.2  0.    0.5 40.    0. ]
 [-3.3  0.    0.7 41.    0. ]
 [-3.7  0.    0.9 42.    0. ]
 ...
 [-4.6  0.    1.1 44.    0. ]
 [-5.4  0.    1.3 46.    0. ]
 [-5.2  0.    1.6 47.    0. ]]
```

같은 방법으로 종속변수는 y_data에 할당합니다. 종속변수의 데이터값은 numpy의 2차원 배열 xy의 맨 오른쪽 열에 해당되므로 xy[ : , −1: ]로 표현합니다.

```
  4  y_data = xy[:, -1:]

[[0.]
 [0.]
 [0.]
 ...
 [0.]
 [0.]
 [0.]]
```

[ 참고 ]

xy[ : , −1: ]는 xy[ : , [−1]]로 표현할 수 있습니다.

Step 4  선형 회귀 분석 모델 학습시키기 및 학습된 모델 저장하기

모델을 학습시키기 위해서 기계학습에서 가장 보편적으로 사용하고 있는 파이썬의 tensorflow 라이브러리를 사용할 것입니다.

```
In [5]:   1  X = tf.placeholder(tf.float32, shape=[None, 5])
          2  Y = tf.placeholder(tf.float32, shape=[None, 1])
          3
          4  W = tf.Variable(tf.random_normal([5, 1]), name="weight")
          5  b = tf.Variable(tf.random_normal([1]), name="bias")
          6
          7  hypothesis = tf.matmul(X, W) + b
          8  cost = tf.reduce_mean(tf.square(hypothesis - Y))
          9
         10  optimizer = tf.train.GradientDescentOptimizer(learning_rate=0.000005)
         11  train = optimizer.minimize(cost)
```

### 1. 모델이 데이터를 입력받기 위한 텐서구조 만들기

가장 먼저 tf.placeholder() 명령으로 독립변수와 종속변수를 입력받을 텐서구조를 만듭니다. 데이터를 입력받기 위한 자리를 먼저 만들어 준다는 점이 좀 특이합니다.

shape=[None, 5] 옵션은 "입력데이터의 데이터값은 몇 개가 있는지 모르고, 열은 5개가 있다"를 의미합니다(독립변수 5개에 대한 데이터값을 의미합니다).

shape=[None, 1] 옵션은 "입력데이터의 데이터값은 몇 개가 있는지 모르고, 열은 1개가 있다"를 의미합니다(종속변수 1개에 대한 데이터값을 의미합니다).

```
   1  X = tf.placeholder(tf.float32, shape=[None, 5])
   2  Y = tf.placeholder(tf.float32, shape=[None, 1])
```

정리하면 X는 '행은 몇 개가 있는지 모르는데, 열은 5개를 가진 입력데이터'가 들어갈 텐서구조를 의미하는 변수이고, Y는 '행은 몇 개가 있는지 모르는데, 열은 1개를 가진 입력데이터'가 들어갈 텐서구조를 의미하는 변수입니다.

### 2. 모델을 학습시키기 위해 필요한 변수 만들기

tf.Variable() 명령으로 변수 W와 b가 입력받을 초기 값 또는 업데이트된 값에 대한 텐서구조를 만듭니다.

```
   4  W = tf.Variable(tf.random_normal([5, 1]), name="weight")
   5  b = tf.Variable(tf.random_normal([1]), name="bias")
```

변수 W에서 random_normal([5,1]) 옵션은 5행 1열의 텐서구조를 가지며 정규분포를 따르는 랜덤한 값을 생성한다는 것을 의미합니다. 또한 name="weight" 옵션은 텐서구조의 이름을 weight로 정한다는 의미입니다. 같은 이유로 변수 b에서 random_normal([1]) 옵션은 1행 1열의 텐서구조를 가지며 정규분포를 따르는 랜덤한 값을 생성한다는 것을 의미합니다. 또한, name="bias" 옵션은 텐서구조의 이름을 bias로 정한다는 의미입니다.

> **[참고]**
>
> tf.random_normal([1])는 tf.random_normal([1,1])로 표현할 수 있습니다.

### 3. 모델을 설정하고, 학습의 최적화 방법 설정하기

이제 우리가 사용할 모델을 설정합니다. 선형 회귀 분석 모델은 수학에서 함수식과 같은 형태인 'hypothesis = tf.matmul(X, W) + b'입니다.

```
7  hypothesis = tf.matmul(X, W) + b
```

matmul()은 행렬 곱을 의미합니다.

cost는 예측 값과 종속변수 Y값을 tf.square() 명령으로 제곱하고, tf.reduce_mean() 명령으로 평균을 계산한 값을 할당하겠다는 의미입니다.

```
8  cost = tf.reduce_mean(tf.square(hypothesis - Y))
```

optimizer는 learning_rate값을 0.000005씩 변경해 tf.train.GradientDescentOptimizer() 명령으로 계산된 값을 할당하겠다는 의미입니다. optimizer.minimize(cost) 명령은 cost값을 가장 최소화하는 최적화 방법을 의미합니다.

```
10  optimizer = tf.train.GradientDescentOptimizer(learning_rate=0.000005)
11  train = optimizer.minimize(cost)
```

이 부분은 'Activity 2'에서 좀 더 자세히 알아보겠습니다. 하지만 의미 하나하나를 꼭 이해해야 하는 것은 아닙니다. 모델이 어떻게 만들어지는지를 대략 이해하시면 됩니다.

### 4. 학습을 준비하는 세션(session) 열기

모델을 학습시키기 위한 준비는 끝났습니다. 이제 학습을 위해 세션을 열겠습니다.

```
1  sess = tf.Session()
2
3  init = tf.global_variables_initializer()
4
5  sess.run(init)
```

tf.Session() 명령은 세션을 생성하겠다는 의미입니다. 세션을 생성하는 순간 W값과 b값이 임의로 지정됩니다. tf.global_variables_initializer() 명령은 그래프 내의 모든 변수의 초기화 연산을 수행하기 위한 준비입니다. sess.run(init) 모든 변수의 초기화 연산을 수행하라는 의미입니다. run은 세션을 실행한다는 의미입니다.

> **[ 참고 ]**
>
> tensorflow는 Data Flow Graph 방식의 연산 방법을 사용하고 있어서 그래프를 그려 가며 연산을 수행합니다. 연산을 수행하기 위해서는 그래프를 그릴 세션을 생성해야 합니다.

### 5. 학습 수행 후 학습된 모델 저장하기

이제 컴퓨터는 학습을 시작합니다.

```
7   for step in range(100000):
8
9       cost_opti, hypo_opti, _opti = sess.run([cost, hypothesis, train],
10                                   feed_dict={X: x_data, Y: y_data})
11
12      step = step + 1
13
14      if step % 500 == 0 :
15          print("\n step(학습 횟수)   : ", step,
16                "\n cost(예측값과 실제값의 편차)   : ", cost_opti)
17          print("# 예측되는 사망자 수   : ", hypo_opti[0])
```

종속변수 x_data(날씨 데이터)와 독립변수 y_data(교통사고정보 데이터)를 가지고 최적 학습 방법으로 100,000번의 학습을 수행하면서 cost_opti 값, hypo_opti 값, _opti 값을 구하게 됩니다. 또한 500번에 한 번씩 step(학습 횟수), cost_opti(예측값과 실제값의 편차), hypo_opti[0](예측되는 사장자 수)을 화면에 출력합니다.

> **[참고]**
>
> hypo_opti[0]은 어떤 의미일까?
>
> 500번의 연산을 수행하면서 hypothesis값이 hypo_opti에 리스트로 저장됩니다. 그러면 hypo_opti[0]
> 는 선형 회귀 분석 모델 hypothesis = tf.matmul(X, W) + b에 의한 500번째 연산 결과를 의미하게 됩
> 니다.

```
19  saver = tf.train.Saver()
20  save_path = saver.save(sess, "./model/model.ckpt")
21
22  print('\n ##### 학습된 모델을 저장하였습니다. ##### ')
```

train.Saver() 명령으로 학습된 모델을 저장할 수 있습니다. 총 4개의 파일 'checkpoint', 'model.ckpt.data-00000-of-00001', 'model.ckpt.index', 'model.ckpt.meta'이 model 폴더에 저장됩니다. 윈도 탐색기에서 아래와 같이 파일이 있는지 확인해 봅니다.

내 PC > Windows (C:) > testAI > AI_Predict > model

이름

☐ checkpoint
☐ model.ckpt.data-00000-of-00001
☐ model.ckpt.index
☐ model.ckpt.meta

# 선형회귀 분석 모델 이해하기

'Activity 1'에서 사용했던 선형회기 분석 모델에 대해 조금 더 이해해 봅시다.

아래 내용으로 개념을 이해하고 도전해 보십시오. 만일 내용 이해가 너무 어렵다면 그냥 넘어가도 됩니다. 처음부터 알고 시작하는 사람은 그렇게 많지 않습니다. 흥미가 생길 때 더 깊이 공부하면 됩니다. 흥미가 생기지 않아도 좋은 경험입니다. 그럼 지금부터 선형 회귀 분석에 대해서 단어 뜻을 풀어 가면서 간단히 알아보도록 하겠습니다.

■ 선형(linear)

> 직선 또는 직선과 비슷한 성질을 갖는 대상을 의미

선형은 일반적으로 일차(1차)라고도 표현을 많이 합니다. 그래서 선형함수를 일차함수라고도 이야기합니다. 일차함수하면 직선이 떠오르지 않나요? 그렇다면 선형이 어떤 의미를 가지는지 조금은 이해가 되실 것 같습니다.

하지만 꼭 일차가 선형을 의미하는 것은 아니니 주의하세요.

■ 회귀 분석(regression analysis)

> 함수 관계로 예측하는 분석 알고리즘

일반적으로 예측을 할 때는 과거의 데이터가 필요합니다. 과거의 데이터를 바탕으로 만들어진 알고리즘은 사용자가 임의의 데이터를 입력했을 때 그 알고리즘을 기반으로 예측합니다. 회귀 분석은 이와 같은 예측 방법에서 알고리즘이 어떤 함수로 표현되는 경우라고 생각하면 됩니다.

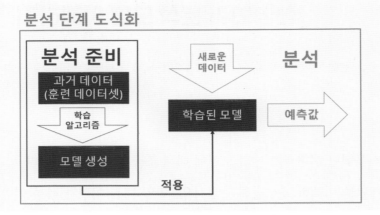

분석 단계 도식화

■ 선형 회귀 분석(linear regression analysis)

선형 함수 관계로 예측하는 대표적인 분석 알고리즘

선형 함수 관계라고 하는 것은 어떤 의미일까요? 쉽게 말하면 원인과 결과의 관계가 직선의 형태를 가지는 것을 의미합니다. 분석의 관점에서 생각해 봅시다. 과거의 데이터로부터 특징(feature)을 뽑아 독립변수와 종속변수로 나누고, 그 관계가 직선의 형태를 가지고 있다고 판단된다고 가정합시다. 그러면 여러분들은 이 관계를 기반으로 임의의 데이터를 입력해 예측하려고 할 것입니다. 이것이 선형 회귀 분석이라고 할 수 있습니다. 우리 프로젝트에서는 과거 날씨 데이터(독립변수)와 교통사고정보 데이터(종속변수)로부터 특징을 뽑아, 임의의 데이터(날씨 예보)를 입력해 예측(교통사고)하는 시스템을 개발합니다. 이를 도면으로 표현해 보면 다음과 같습니다.

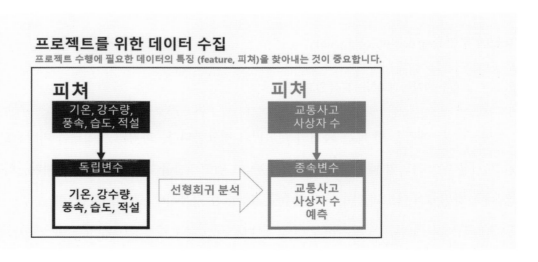

프로젝트를 위한 데이터 수집
프로젝트 수행에 필요한 데이터의 특징 (feature, 피쳐)을 찾아내는 것이 중요합니다.

앞에서 선형 회귀 분석의 개념에 대해서 간단히 배워 보았습니다. 그러면 기계학습의 모델로 선형 회귀 분석을 선택했을 때, 어떻게 학습된 모델을 생성하고 그 결과를 예측하게 되는지 한번 살펴봅시다. 수학적인 내용이 많이 포함되어 있어 좀 어려울 수 있습니다. 걱정이 된다면 요약된 내용으로 개념만 이해하셔도 괜찮습니다.

---

**[ 요약 ]**

선형 함수식 'hypothesis = Wx + b'에서 준비된 데이터의 독립변수로 x값, 랜덤하게 생성된 값으로 할당되는 W값과 b값으로 hypothesis(예측)값을 계산합니다. 이렇게 계산된 hypothesis값과 y값의 차이를 비교합니다. y값은 준비된 데이터의 종속변수 실제값입니다. 기계학습으로 이 과정을 반복하다 보면 hypothesis값과 y값의 차이가 적은 W값과 b값을 찾게 됩니다.

그러면 준비된 데이터를 잘 나타내는 선형 함수식 'hypothesis = Wx + b'가 만들어지고, 사용자가 임의의 데이터를 입력하면 만들어진 함수식으로 예측을 하게 됩니다.

이것이 기계학습의 모델로 선형 회귀 분석을 선택했을 때 학습된 모델을 만들고, 예측하는 방법입니다.

---

좀 더 자세하게 알아볼까요? 내용이 많으니 아래와 같이 단계별로 알아보겠습니다.

1. 선형 회귀 분석의 함수식 정의하기
2. 준비된 데이터로 독립변수와 종속변수 설정하기
3. 기계학습으로 선형 회귀 분석의 함수식 만들기


## 1. 선형 회귀 분석의 함수식 정의하기

앞에서 언급한 대로 선형 회귀 분석이란 선형 함수 관계로 예측하는 대표적인 분석 알고리즘입니다. 선형 함수는 일차 함수라고 생각할 수 있고, 일차 함수는 'y = ax + b'로 표현할 수 있습니다. 하지만 여기서는 프로그래밍에서 표현하는 방법과 유사하게 'hypothesis = Wx + b'로 표현하겠습니다.


## 2. 준비된 데이터로 독립변수와 종속변수 설정하기

우리에게는 데이터 수집을 통해 준비된 데이터가 있습니다. 이 데이터에서 독립변수(x)와 종속변수(y)를 결정해야 이 변수들의 관계를 직선의 형태로 잘 표현해 주는 함수식을 다음 단계에서 만들 수 있게 됩니다. 우리 프로젝트를 예를 든다면 독립변수는 날씨 데이터의 "기온", "강수량", "풍속", "습도", "적설"이고, 종속변수는 "교통사고 사상자 수"입니다.

### 3. 기계학습으로 선형 회귀 분석의 함수식 만들기

이제 예측을 위한 선형 회귀 분석의 함수식을 만드는 단계입니다. 인공지능에서는 학습된 모델을 만든다고도 표현합니다. 여기서는 비용 함수(cost), 최적화 함수(optimizer) 용어가 등장하는데 이 용어에 대한 이해가 대단히 중요합니다.

#### 3.1 비용 함수(cost)

선형 회귀 분석에서 cost는 hypothesis값과 y값의 차를 제곱하여 평균을 계산한 값을 의미합니다. 통계에서는 이를 분산이라고 하고, 함수식으로 표현하면 아래와 같습니다.

$$\text{cost} = \frac{1}{n} \Sigma(\text{hypothesis} - y)^2 \quad (\text{n은 데이터값의 개수})$$

그럼 cost가 왜 필요할까요?

x축을 독립변수, y축을 종속변수로 하는 좌표평면에 데이터를 선형 회귀 함수 그래프로 표현해 봅시다. 그리고 기계학습으로 직선이 하나 그려졌다고 생각해 봅시다. 직선은 선형 회귀 함수를 의미하겠죠?

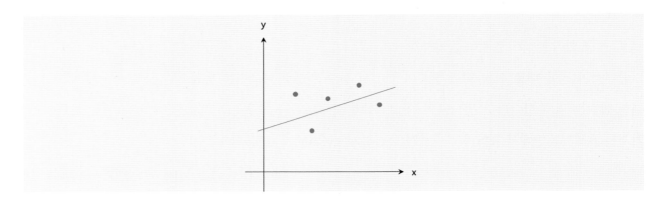

그러면 이 직선은 데이터를 잘 나타내는 직선일까요? 그렇게 보이기는 하지만 그렇다고 확신할 수 없습니다. 그래서 아래와 같이 (hypothesis - y) 제곱의 평균인 cost를 계산해 데이터를 잘 나타내는 직선을

찾으려고 하는 것입니다.

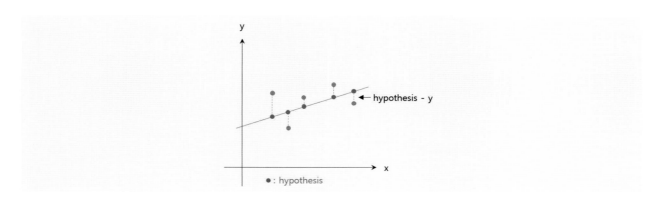

### 3.2 최적화 함수(optimizer)

optimizer는 cost를 이용해 데이터를 가장 잘 나타내는 함수식을 찾는 방법을 의미합니다. 인공지능에서는 최적의 모델을 찾는 방법이라고 생각하면 됩니다. 선형 회귀 분석에서 optimizer는 경사하강법(gradient descent)을 주로 사용합니다. 이건 또 무슨 뜻일까요? 좀 어렵지만 최대한 쉽게 설명해 보겠습니다. 먼저 경사하강법(gradient descent)은 용어 그대로 내려가면서 찾겠다는 의미입니다. 즉, 내려가면서 cost를 찾는데, cost가 가장 작은 값을 찾겠다는 의미입니다. 그럼 뭐가 내려간다는 걸까요?

그건 미분계수가 0에 가까워지는 cost를 찾기 위해 내려간다는 의미입니다. 갑자기 미분계수가 등장해서 어렵게 느껴질 수도 있습니다. 조금만 더 노력해 봅시다.

cost를 함수식으로 표현하면 아래와 같다는 것 기억하시죠?

$$cost = \frac{1}{n} \Sigma(hypothesis - y)^2 \quad \text{단, n은 데이터값의 개수)}$$

cost는 이차함수이고, 그래프 모양은 포물선입니다. 그러면 x축을 hypothesis, y축을 cost로 하는 좌표평면에 포물선을 그리면 cost의 그래프라고 생각할 수 있습니다.

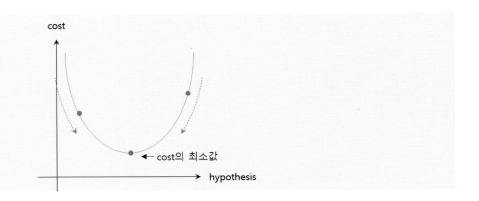

그럼 cost의 가장 작은 값은 포물선의 꼭짓점이 되겠죠? 즉, 포물선의 꼭짓점에 가까이 가는 hypothesis 값을 찾아 cost를 구하면 됩니다. 이렇게 포물선의 꼭짓점에 가까이 가는 hypothesis값을 찾을 때 미분계수가 사용됩니다. 미분계수는 특정한 점을 접점으로 하는 접선의 기울기를 의미합니다. 정리하면 포물선의 꼭짓점을 접점으로 하는 접선의 기울기는 0이므로 cost가 가장 작은 값을 찾기 위해 미분계수가 0에 가까워지는 cost를 찾는 것입니다.

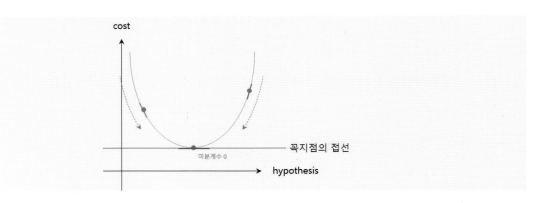

이렇게 최적화 함수를 통해 cost를 찾으면 준비된 데이터를 가장 잘 나타내는 직선 W값과 b값을 찾게 되고, 선형 회귀 함수식 'hypothesis = Wx + b'를 만들게 됩니다. 이후, 사용자가 임의의 데이터를 입력하면 만들어진 선형 회귀 함수식으로 예측을 하게 됩니다.

이것이 기계학습의 모델로 선형 회귀 분석을 선택했을 때 학습된 모델을 만들고, 예측하는 방법입니다. 선형 회귀 분석이 무엇인지 완벽하게 알려고 하지 마십시오. 여기서는 선형 회귀 분석의 개념을 간단하게라도 이해하는 것이 중요합니다.

# 5단계: Evaluate

05

5단계는 Evaluate, 즉 모델 평가 단계입니다. 다양한 모델을 평가하고 최상의 모델을 선택하는 단계입니다. 또한 모델의 Performance를 해석하면서 최적 모델 구조와 최적 학습 방법을 찾는 활동입니다. 여기서는 모델 Performance를 해석하는 부분만 간단히 알아봅니다.

우리 프로젝트에서 사용한 모델 구조와 최적 학습 방법은 아래와 같습니다.

```
In [5]:    1  X = tf.placeholder(tf.float32, shape=[None, 5])
           2  Y = tf.placeholder(tf.float32, shape=[None, 1])
           3
           4  W = tf.Variable(tf.random_normal([5, 1]), name="weight")
           5  b = tf.Variable(tf.random_normal([1]), name="bias")
           6
           7  hypothesis = tf.matmul(X, W) + b
           8  cost = tf.reduce_mean(tf.square(hypothesis - Y))
           9
          10  optimizer = tf.train.GradientDescentOptimizer(learning_rate=0.000005)
          11  train = optimizer.minimize(cost)
```

```
step(학습 횟수) :  500
 cost(예측값과 실제값의 편차) :  24.023798
# 예측되는 사망자 수 :  [3.2980568]

 step(학습 횟수) :  1000
 cost(예측값과 실제값의 편차) :  11.756051
# 예측되는 사망자 수 :  [1.273418]

 step(학습 횟수) :  51000
 cost(예측값과 실제값의 편차) :  2.1168246
# 예측되는 사망자 수 :  [-0.76080656]

 step(학습 횟수) :  51500
 cost(예측값과 실제값의 편차) :  2.092601
# 예측되는 사망자 수 :  [-0.759711]

 step(학습 횟수) :  98500
 cost(예측값과 실제값의 편차) :  0.79772514
# 예측되는 사망자 수 :  [-0.67181313]

 step(학습 횟수) :  99000
 cost(예측값과 실제값의 편차) :  0.7907501
# 예측되는 사망자 수 :  [-0.67103064]

 step(학습 횟수) :  99500
 cost(예측값과 실제값의 편차) :  0.7838618
# 예측되는 사망자 수 :  [-0.67024946]

 step(학습 횟수) :  100000
 cost(예측값과 실제값의 편차) :  0.77705866
# 예측되는 사망자 수 :  [-0.66946995]
```

학습 결과 출력입니다.

500번째 학습 결과 예측과 실제값의 편차, 즉 cost가 24.023798 명입니다. 상당히 큰 차이가 있습니다.

계속학습을 진행합니다.

51000번째 학습 결과에서는 cost가 약 2명 정도로 현격하게 차이가 줄어들었다는 것을 확인할 수 있습니다.

계속학습을 합니다.

마지막 100000번째 학습 결과에서는 그 차이가 1명 이하로 나타났습니다.

여전히 0.77정도의 차이가 있습니다. 차이를 줄여 정확도를 높이기 위해서는 더 많은 데이터를 확보하거나 모델구조, 또는 최적 학습방법 등을 변경할 수 있습니다.

하지만 우리는 여기서 학습된 모델이 편차를 알고 추후 예측할 때 고려하기로 하고 그대로 사용하겠습니다.

# 6단계: Deployment

6단계는 Deployment, 즉 배포 단계입니다. 프로젝트의 최종 결과물을 어떤 형태로 배포할 것인지를 결정하는 단계입니다.

## 활동목표

- 학습된 모델을 저장하여 재활용하면 다방면으로 응용할 수 있음을 이해할 수 있다.
- 플라스크 웹 서버로 웹서비스를 경험해 봄으로써 정보기술에 대한 안목을 키울 수 있다.
- 부트스트랩 템플릿을 이용하여 웹 디자인을 할 수 있다.

### 준비물 ··········☆

- 지도자용: 지도자용 PPT
- 학습자용: 개인 노트북, 인터넷 활용이 가능한 환경, 필기도구

### 토의하기 ··········☆

- 학습된 모델을 저장하여 재활용한다면 어떻게 응용할 수 있을까요?

**Activity 01**

# 주피터 노트북 형태로 서비스하기

개발이 모두 완료되었습니다. 이제 여러분이 학습시킨 모델을 이용하여 앞으로 기상 예보 날씨 데이터를 통해 교통사고로 인한 사상자 수를 예측할 수 있게 되었습니다. 다른 사람들이 여러분이 개발한 서비스를 이용할 수 있게 하는 게 Deployment 단계입니다. 아주 간단하게는 프로그램을 잘 다루는 분들을 위해서는 여러분이 개발한 주피터 노트북에서 이용하게 하는 것입니다.

**Step 1** 필요한 파이썬 라이브러리 가져오기

저장한 학습된 모델을 사용하기 위해서는 파이썬의 tensorflow, numpy 라이브러리가 필요합니다. import 명령으로 라이브러리를 가져옵니다. 옵션인 'as tf'는 tensorflow를 줄여서 tf로, 'as np'는 numpy를 줄여서 np로 표현하겠다는 의미입니다.

```
In [1]:    1  import numpy as np
           2  import tensorflow as tf
```

**Step 2** 독립변수와 종속변수 그리고 모델 설정

학습된 모델을 사용할 때도 변수와 모델을 똑같이 설정해 주어야 합니다.

```
In [2]:    1  tf.reset_default_graph()
           2
           3  X = tf.placeholder(tf.float32, shape=[None, 5])
           4  Y = tf.placeholder(tf.float32, shape=[None, 1])
           5
           6  W = tf.Variable(tf.random_normal([5, 1]), name="weight")
           7  b = tf.Variable(tf.random_normal([1]), name="bias")
           8
           9  hypothesis = tf.matmul(X, W) + b
```

**Step 3** 학습된 모델을 사용하기 위한 준비하기

학습된 모델을 사용하기 위해서는 학습된 모델을 불러오기 위한 객체가 먼저 선언되어야 합니다. tf.train.Saver() 명령으로 가능합니다.

```
In [3]:
1  saver = tf.train.Saver()
2  init = tf.global_variables_initializer()
```

**Step 4** 학습된 모델로 예측하기

사용자가 "온도, 강수량, 풍속, 습도, 적설"의 데이터값을 입력해 "사상자수" 예측이 잘되는지 테스트하는 단계입니다. 날씨 데이터값을 입력받을 수 있게 설정하고, 세션을 실행합니다. save_path로 학습된 모델이 저장되어 있는 경로를 지정해 주고, saver.restore() 명령으로 학습된 모델을 불러와 5개의 입력 값을 numpy 배열로 변경하여 사상자수를 예측합니다.

```
In [*]:
1  temp = float(input('온    도 : '))
2  rain = float(input('강 수 량 : '))
3  windflow = float(input('풍    속 : '))
4  humidity = float(input('습    도 : '))
5  snowfall = float(input('적    설 : '))
6
7  with tf.Session() as sess:
8      sess.run(init)
9      save_path = "./model/model.ckpt"
10     saver.restore(sess, save_path)
11
12     data = ((temp, rain, windflow, humidity, snowfall), )
13     arr = np.array(data, dtype=np.float32)
14
15     x_data = arr[:]
16     dict = sess.run(hypothesis, feed_dict={X: x_data})
17
18     print(dict[0])
```

'온도 17, 강수량 30, 풍속 2, 습도 50, 적설 0'이면 교통사고 사상자 수가 17.446224명이라고 예측하였습니다. 날씨 데이터는 기상청 예보 사이트를 이용합니다.

```
온    도 :
온    도 : 17
강 수 량 : 30
풍    속 : 2
습    도 : 50
적    설 : 0
INFO:tensorflow:Restoring parameters from ./model/model.ckpt
[17.446224]
```

예를 들어 부모님께서 모레(수요일) 15시쯤(❸) 집에서 멀지 않은 곳으로 가족 여행을 다녀올 예정인데, 운전을 하고 갈지 대중교통을 이용할지를 판단하는 데 도움을 받고 싶어 하십니다. 여러분이 개발한 예측 시스템을 이용하면 부모님 판단에 도움을 드릴 수 있습니다.

먼저 날씨 데이터를 가져와야 합니다. 기상청 예보사이트로 이동하여 날씨 데이터를 확인하고 가져옵니다. 여러분이 개발한 시스템에서 이용하는 날씨 데이터의 단위와 일치하는 데이터를 가져와야 합니다. 특히 풍속 단위를 잘 확인하여야 합니다. 여러분이 개발한 예측 시스템의 풍속 단위는 m/s입니다. 풍속 단위를 km/h에서 m/s으로 변경(❶)하고 확인(❷)한 후 데이터를 가져옵니다.

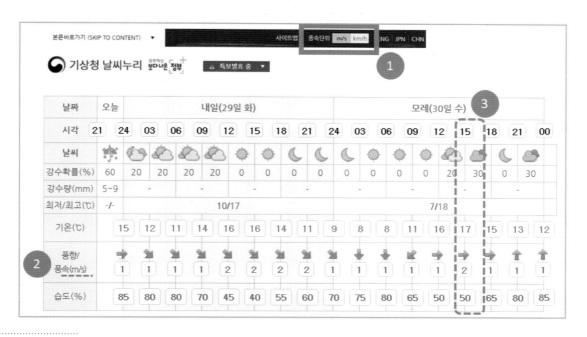

---

1) http://www.weather.go.kr/weather/forecast/timeseries.jsp

• 날씨 예보 데이터를 확인하여 아래 표에 데이터의 수치를 기록합니다.

| 온도(℃) | 강수량(mm) | 풍속(m/s) | 습도(%) | 적설(cm) |
|---|---|---|---|---|
| | | | | |

• 위의 데이터를 이용하여 가족 여행 당일 교통사고로 인한 사상자 수를 예측해 봅니다. 그 결과를 부모님께 드리고 가족 모두 의논하여 결정합니다. 정확도를 이야기할 때는 모델 학습할 때의 정확도도 함께 이야기해 드리는 게 좋습니다. 10만 번 학습한 결과 예측값과 실제값의 편차를 확인합니다.

```
step(학습 횟수)  :  98500
cost(예측값과 실제값의 편차)  :  0.79772514
# 예측되는 사망자 수  :  [-0.67181313]

step(학습 횟수)  :  99000
cost(예측값과 실제값의 편차)  :  0.7907501
# 예측되는 사망자 수  :  [-0.67103064]

step(학습 횟수)  :  99500
cost(예측값과 실제값의 편차)  :  0.7838618
# 예측되는 사망자 수  :  [-0.67024946]

step(학습 횟수)  :  100000
cost(예측값과 실제값의 편차)  :  0.77705866
# 예측되는 사망자 수  :  [-0.66946995]
```

# 웹 서비스 형태로 서비스하기

Deployment 단계에서는 여러 형태로 여러분이 개발한 시스템을 서비스할 수 있습니다. 인터넷 브라우저로 이용하는 웹 서비스로도 가능합니다. 여러분 PC를 서버로 이용해서 간단한 웹 서버를 구축하고 MDB(Material Design for Bootstrap)[2] 템플릿을 이용해 '날씨에 따른 교통사고 사상자 수'를 예측하는 웹 서비스를 경험해 보겠습니다. 여기서 소개되는 플라스크 웹 서버 활용 방법에 대해서는 구체적으로 소개드리지 않습니다. 인터넷에서 여러분이 쉽게 찾아 이용할 수 있습니다. 관련된 용어와 링크를 안내합니다.

■ **플라스크(Flask)[3]**

> 파이썬으로 작성된 마이크로 웹 프레임워크

플라스크를 이용하면 특별한 도구나 라이브러리가 필요 없이 단 몇 코드로 웹 서버를 구동할 수 있습니다.

■ **부트스트랩(Bootstrap)[4]**

> 웹사이트를 쉽게 만들 수 있게 도와주는 HTML, CSS, JS 프레임워크

웹사이트를 스마트폰, 태블릿, PC 등 다양한 기기에서 사용할 수 있도록 해 주며 다양한 기능을 제공하여 사용자가 쉽게 웹사이트를 제작, 유지 보수할 수 있습니다.

---

2)  https://mdbootstrap.com/
3)  https://palletsprojects.com/p/flask/
4)  https://getbootstrap.com/

## ■ 머티리얼 디자인(Material Design)[5]

구글에서 2014년 6월에 발표한 디자인 가이드(디자인 언어)

구글에서 발표한 모바일과 데스크탑 그리고 그 외의 다양한 디바이스들을 아우르는 하나의 일관된 디자인 가이드로 전체적인 스타일부터 세부적 레이아웃, 컴포넌트, 패턴, 사용성까지 거의 모든 요소에 대한 방법을 제시합니다.

## ■ MDB(MD – Material Design for Bootstrap)[6]

부트스트랩과 머티리얼 디자인 기반의 반응형 웹 디자인 프레임워크

유료 또는 무료로 다양한 템플릿과 테마를 제공하며, 관련 프레임워크에 대한 강의도 제공합니다.

## ■ 주피터 노트북에서 웹서비스 실행하기

아래 명령을 입력하고 실행하면 웹 서버 실행 주소가 나타납니다. 'http://127.0.0.1:5000/'을 클릭하면 웹 서비스를 제공하는 웹 페이지가 새 창으로 나타납니다.

```
In [*]:   1   %run ./flaskWebServer/server.py
          INFO:tensorflow:Restoring parameters from ./flaskWebServer/model/model.ckpt
        * Running on http://127.0.0.1:5000/ (Press CTRL+C to quit)
```

[ 참고 ] 주피터 노트북에서 파이썬 파일(.py) 다루는 명령

%run : 파이썬 파일(.py) 실행

%load : 파이썬 파일(.py)의 코드 전체가 셀에 자동 입력(코드 불러오기)

%%write 파일명.py : 셀에 입력되어 있는 코드 전체를 파일명.py로 저장

---

5)   https://material.io/

6)   https://mdbootstrap.com/freebies/

■ flaskWebserver 디렉토리 구조

우리 프로젝트에서는 MDB 웹사이트[7]에서 'Full Page Video Carousel'을 찾아 Free Download 받은 템플릿을 수정하여 사용합니다.

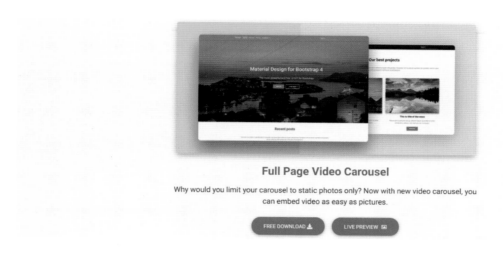

다운로드받아 C:/testAI/AI_Predict/ 폴더에 압축을 풀면 여러 폴더와 파일들을 확인할 수 있습니다. 플라스크 웹 서비스를 위해서는 server.py 파일 개발과 index.html 파일 수정 등의 작업이 필요합니다. 또한 여러분이 개발한 인공지능 모델 파일들을 flaskWebser의 model 폴더로 옮기는 작업이 필요합니다. 이 책에서는 자세하게 소개하지는 않고 그중에서 여러분이 꼭 개발하거나 수정할 내용을 안내합니다.

| 1. Root: server.py 파일을 여기에 두고 실행시킵니다. 여러분이 개발해야 합니다. | 내 PC › Windows (C:) › testAI › AI_Predict › flaskWebServer<br><br>이름<br>model<br>static<br>templates<br>server.py |
|---|---|
| 2. static 폴더: 서버 구동과 관련된 폴더 및 파일들입니다. 수정 없이 사용합니다. | 내 PC › Windows (C:) › testAI › AI_Predict › flaskWebServer › static<br><br>이름<br>css<br>font<br>img<br>js<br>scss |
| 3. model 폴더: 여러분이 만든 model 파일들을 이곳으로 옮겨 저장합니다. | 내 PC › Windows (C:) › testAI › AI_Predict › flaskWebServer › model<br><br>이름<br>checkpoint<br>model.ckpt.data-00000-of-00001<br>model.ckpt.index<br>model.ckpt.meta |

......................................

7) https://mdbootstrap.com/freebies/

| 4. templates 폴더: index.html 파일로 웹<br>브라우저에서 보이는 내용입니다. 여러분<br>이 수정하여야 합니다. |  |
| --- | --- |

인공지능 기술 활용 소셜임팩트 창출 프로젝트

## 날씨에 따른 교통사고 발생확률 예측 AI 시스템

2018년 날씨 데이터와 교통사고정보 데이터(서울시)를 공공데이터 포털에서 다운받아 사용하였습니다.

선형 회귀 분석 모델(알고리즘)을 이용하였습니다.

일기예보를 확인하세요. 기상청 예보 사이트를 참고하세요.

기온(°C) : 오늘 기온은 얼마인가요?

온도를 입력하세요.　①

강수량(mm) : 오늘 비가 오나요? 온다면 얼마나 올까요?

강수량을 입력하세요.

풍속(m/s) : 오늘 바람이 부나요? 분다면 세기가 얼마나 될까요?

풍속을 입력하세요.

습도(%) : 오늘 습도가 얼마일까요?

습도를 입력하세요.

적설량(cm) : 오늘 눈이 오나요? 온다면 얼마나 올까요?

적설량을 입력하세요.

교통사고 발생 확률 예측 시작 버튼　②

↓↓ 예측값은 아래 나타납니다. ↓↓

예측되는 교통사고 사상사자 수는
[17.446224] 명 입니다.　③

웹페이지에서 독립변수로 사용한 "기온, 강수량, 풍속, 습도, 적설량"을 입력(❶)하고, "교통사고 발생 확률 예측 시작" 버튼(❷)을 클릭하면, 종속변수인 "교통사고 사상자 수"를 예측한 결과(❸)가 나타납니다.

# 텐서플로우(Tensorflow)란?

■ tensorflow

> 구글의 브레인팀이 기계학습(머신러닝)을 위해 노드(node)와 엣지(edge)를 사용한 Data Flow Graph
> 방식의 연산 방법으로 구현한 오픈소스 라이브러리

tensor와 flow의 합성어로 생각해도 좋습니다. tensor라는 데이터의 자료구조가 flow에 따라 이동하면서 중간 중간 작업을 수행한다고 생각하면 됩니다. tensor가 flow를 따라 이동하려면 Graph가 그려져야 하기 때문에 Data Flow Graph 방식이라고 표현합니다.

tensorflow에서 사용되는 기본 용어를 배우고 그림으로 이해해 봅시다.

- 텐서(tensor) : 데이터의 자료구조로 다차원의 데이터 배열
- 노드(node) : 데이터 입력과 출력, 연산 등의 작업을 수행(operation이라고도 함)
- 엣지(edge) : 텐서를 실어 나르는 flow의 방향
- 그래프(graph) : 텐서, 노드 그리고 엣지를 사용한 작업 지시서
- 세션(session) : 그래프를 그리기 위해서는 준비되어야 하는 객체, 즉 흐름이 일어나려면 동작을 해야 하는데 이 동작을 수행하는 객체
- 변수(variable) : 그래프가 실행되면 작업에 의해 텐서가 변경되는데 이를 저장하기 위해 사용되는 버퍼

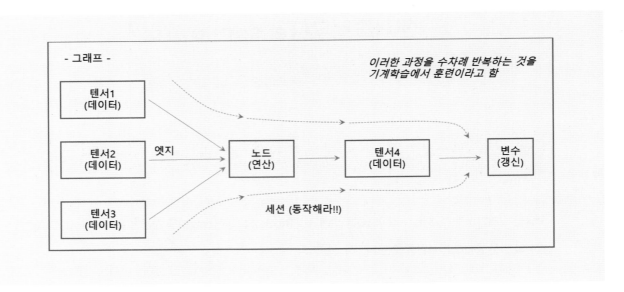

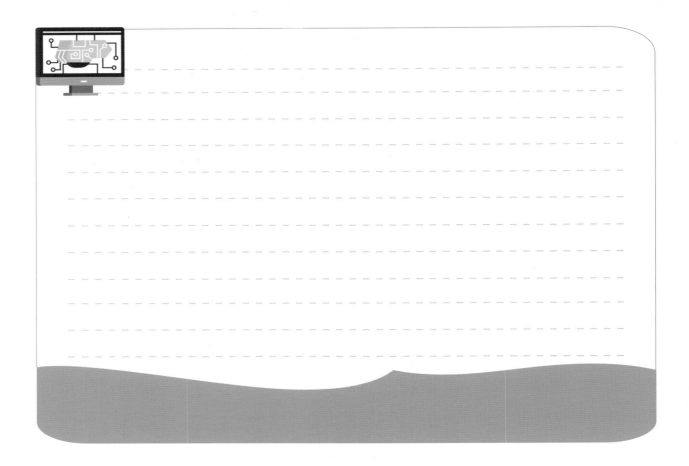

# 인공지능 자동차(AI Car) 만들기

- 인공지능 자동차(AI Car)의 구성에 대해 설명할 수 있다.
- 마이크로비트를 이용해 데이터를 전송하고, 모터를 제어할 수 있다.
- 컴퓨터 비전을 통해 차선과 표지판을 인식하여 자율 주행하는 인공지능 자동차 (AI Car)를 만들 수 있다.

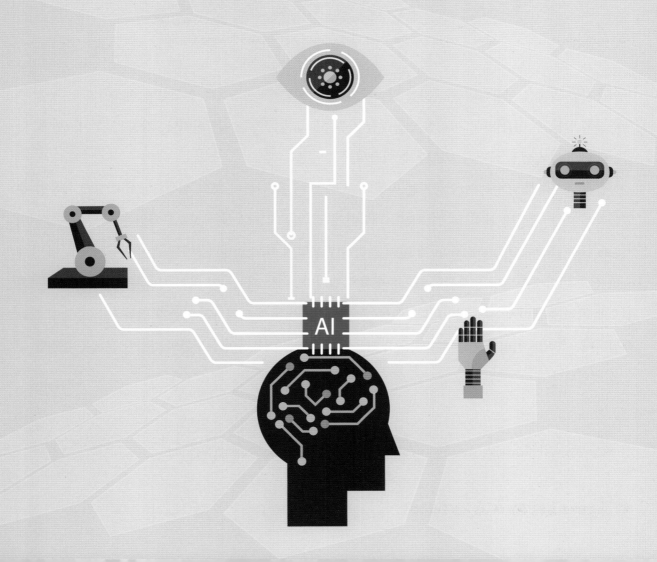

# 인공지능 자동차(AI Car) 프로젝트 개요

〈 출처[1]: https://www.intel.com/ Intel's Automated Driving Garage 〉

인공지능 기술을 이용하여 자동차를 학습시키면 자동차가 교통신호를 인식하여 신호에 따라 자율 주행하도록 만들 수 있습니다. 이러한 인공지능 자동차는 교통사고를 예방하거나, 자동 주차 시스템 등 다양한 상황에서 사람을 돕거나 보호할 수 있습니다.

학습용 자동차를 이용하여 인공지능 자동차 프로토타입을 만들어 보고 실생활에서 어떻게 활용할 수 있을지에 대해 생각해 봅시다. 여러분이 개발하게 될 인공지능 자동차 프로토타입은 5가지 신호 이미지(left, right, forward, uturn, stop)에 대해 적절히 반응하게 될 것입니다. 예를 들어 자동차가 주행 중에 right 신호 이미지를 만나면 오른쪽으로 주행하게 됩니다. 이는 자동차가 마치 사람처럼 신호를 인식하고 신호에 따라 주행하게 되는 것입니다. 이를 응용하게 되면 특정 위치까지 자동차 단독 자율 주행이 가능해집니다. 우리는 이러한 인공지능 기술이 적용된 자동차를 이용하여 실생활의 다양한 문제를 해결할 수 있을 것입니다.

---

1) https://www.intel.com/content/www/us/en/automotive/autonomous-vehicles.html

■ 활동 목표

• 프로토타입 개발 전체 구조도를 이해합니다.

• 프로토타입 개발을 위해 필요한 자료를 준비합니다.

• 프로토타입 개발에 사용할 학습용 자동차에 대해 이해합니다.

• 인공지능 학습을 위한 데이터를 수집하고 정제할 수 있습니다.

• 인공지능 학습을 위한 학습 모델을 만들고 기계학습을 수행할 수 있습니다.

• 인공지능 자동차가 신호를 제대로 인식하는지를 테스트할 수 있습니다.

• 인공지능 자동차를 활용한 소셜임팩트 창출 계획을 수립할 수 있습니다.


■ 프로젝트 전체 구조

① 스마트 폰의 카메라를 이용하여 데이터를 받는다.

② 노트북 컴퓨터에 미리 훈련되어 저장되어 있는 인공지능 모델 파일을 이용하여 신호를 인식한다.

③ 인식된 결과값을 노트북 컴퓨터에 USB로 연결되어 있는 마이크로비트에 전달한다. 시리얼 통신을
이용한다.

④ 시리얼 통신을 통해 결과값을 전달받은 마이크로비트에서 Radio 신호를 이용하여 AI Car Body에
연결되어 있는 마이크로비트에 명령을 그대로 전달한다.

⑤ 명령을 전달받은 마이크로비트(AI Car Body)는 마이크로비트 확장 보드에 DC 모터 값과 Servo 모
터 값 등을 전달하여 인공지능 자동차가 자율 주행하게 된다.

■ 프로젝트 개발 준비

1. 노트북 컴퓨터: i7 – 8세대, 16GB RAM, 256GB SSD, Windows10 64bit 이상 권장

2. Brain AI Car 키트[2]: DIY Car 메이커 키트, 마이크로비트 확장보드 1개, USB 연결 잭 등

3. 마이크로비트 2개, 보조배터리

4. 스마트 폰: 안드로이드 OS (IP Cam APP 설치)

■ 인공지능 자동차 훈련 세트

아래 신호 이미지는 교재 (261)쪽을 오려서 사용하거나 여러분이 직접 만들어 사용할 수 있습니다. 신호 스탠드는 3D 프린터로 출력하거나 스탠드 클립 등을 구입하여 이용하면 좋습니다. 그리고 자동차 주행 도로는 아래 사이즈를 참고하여 우드록 등을 이용하면 편리하게 제작할 수 있습니다. 아래 사이즈는 예시적 성격이므로 실제 주행 테스트를 해 보면서 여러분만의 자율 주행 도로를 제작하여 사용하기를 권장합니다.

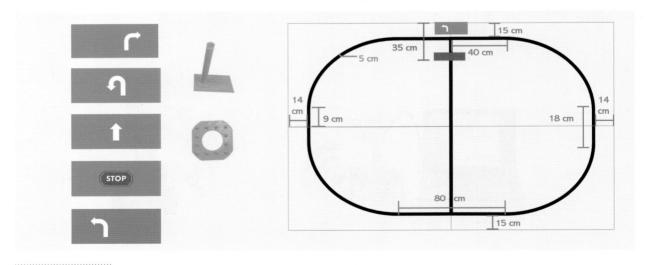

2) http://brainaic.co.kr

■인공지능 자동차(AI_Car) 프로토타입 개발 전체 흐름도

인공지능 자동차가 인식해야 할 신호 이미지 데이터를 획득 및 정제한 후 기계학습을 시켜 인공지능 파일을 생성하고 이후 인공지능 자동차가 신호를 만나면 정확히 예측하여 자율 주행하도록 개발하고자 합니다.

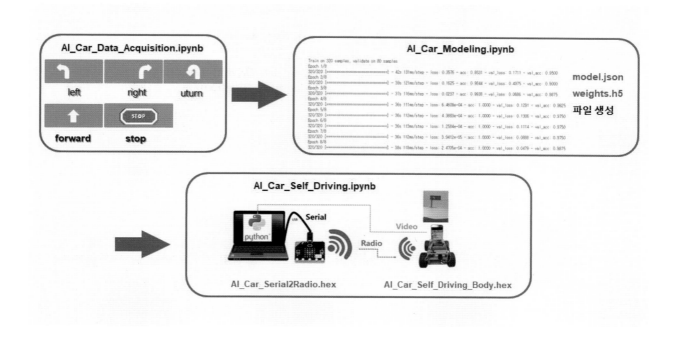

■개발 예정 폴더 및 파일명

실습 활동을 위해 아래에서 폴더 및 파일명, 저장 위치를 확인합니다. 실행 파일 3개(①, *.ipynb)는 여러분들이 직접 주피터 노트북에서 작성하게 됩니다. 모델 파일 2개(③, *.json, *.h5)는 인공지능 모델을 이용하여 기계학습을 시키게 되면 자동으로 생성됩니다. data 폴더 하위폴더(②, left, right, uturn, stop, forward, test, others)에는 여러분이 직접 수집한 이미지 데이터(*.jpg)를 신호별로 저장하게 됩니다. 각 신호별 최소 250개 정도의 신호 데이터를 저장하기를 권장합니다. 마이크로비트 파일(④, *.hex)들은 시리얼 통신과 실제 자동차를 움직이게 하는 데 필요한 파일들로 여러분이 마이크로비트 웹 사이트에서 직접 개발하게 됩니다.

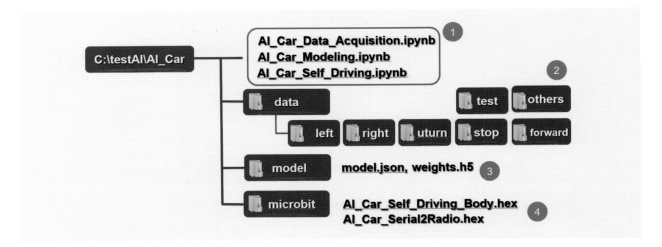

인텔 AI Project Cycle과 관련지어 보면 아래와 같습니다.

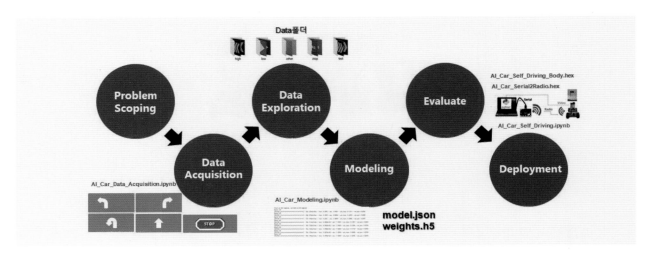

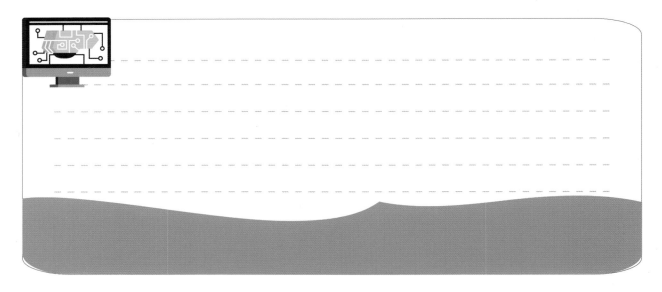

# 인공지능에 사용할 DIY 자동차 알아보기

**Chapter 06**

인공지능 자동차 프로토타입을 만들기 위해 ㈜브레인에이아이에서 개발한 DIY 자동차를 사용합니다. 차체를 모두 3D 모델링 후 3D 프린터로 출력하여 조립한 제품입니다. 여러분도 여러분 자신만의 자동차를 만들어 사용할 수 있습니다. ㈜브레인에이아이 DIY 자동차는 이미지 데이터를 입력받기 위해 스마트 폰 카메라를 거치할 수 있도록 디자인되어 있습니다.

| DIY 자동차 구성 [3] | | |
| --- | --- | --- |
| DIY 메이커 Car Kit | 1 | 3D 프린팅 출력물, 조립 부품 일체<br>고무 바퀴 4개<br>DC모터: 속도 제어<br>서버모터: 방향 제어<br>미니 드라이버 등 |
| 마이크로비트 확장보드 | 1 | DC 모터 4개 제어 가능<br>서버 모터 3개 제어 가능<br>3핀 센서 및 엑츄에이터 사용 가능 |

----

3)  https://www.brainai.co.kr

■ DIY Car에 명령 보내기

DIY Car는 마이크로비트에 명령을 업로드하고, 자동차에 연결되어 있는 마이크로비트 확장보드에 삽입하여 자동차의 모터를 제어하는 방식으로 작동됩니다.

마이크로비트는 기본적으로 Radio 무선 주파 기능을 가지고 있어 마이크로비트끼리 통신이 매우 쉽습니다. 그래서 마이크로비트 두 개를 이용하면, DIY Car를 원격 조종할 수 있습니다. 마이크로비트는 블록 프로그램을 이용할 수 있어 초보자도 쉽게 배울 수 있습니다. DIY Car는 기본적으로 마이크로비트를 이용하기 때문에 블록 프로그램을 이용하여 명령을 보내 줄 수도 있고 파이썬 프로그램을 이용하여 명령을 보내 줄 수도 있습니다. 여기서는 블록 프로그램을 이용하여 DIY Car 모터 테스트와 원격 조정하는 방법에 대해 설명하고, 파이썬 프로그램을 이용하여 PC 키보드를 이용한 DIY Car 원격 조정 방법에 대해 알아봅니다.

Step 1 모터 테스트

크롬 브라우저를 이용하여 마이크로비트 코드 작성 웹사이트[4]로 이동하여 아래 코드를 작성합니다.

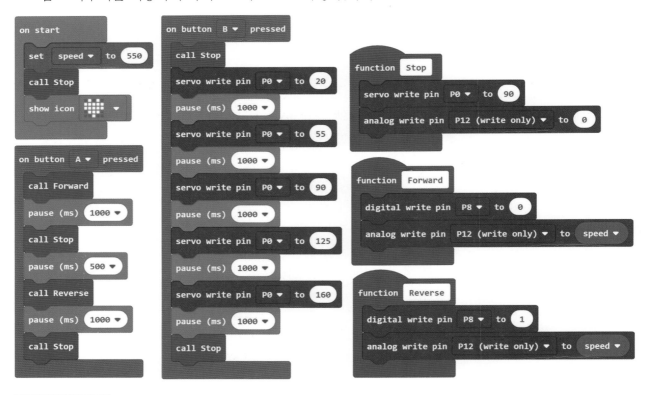

....................................
4)  https://makecode.microbit.org/

작성한 코드를 Motor_Test 파일 이름으로 저장하면 다운로드 폴더에서 'microbit-Motor_Test.hex' 파일을 확인할 수 있습니다. 파일명은 여러분이 임의로 정하여 사용해도 됩니다. 저장된 파일을 마이크로비트 드라이브로 옮기면 업로드가 됩니다. 마이크로비트를 확장보드에 삽입한 후 확장보드의 전원을 ON하고 마이크로비트 Button A, Button B를 이용하여 모터의 움직임을 확인합니다.

아래 이미지에서 마이크로비트 Button A를 찾을 수 있습니다. 버튼 A를 누르면 DC Motor가 작동됩니다. 즉, 자동차 뒤쪽 바퀴의 움직임을 확인할 수 있습니다. 여러분이 작성한 프로그램은 앞 방향으로 1초간 바퀴가 돌아가고 0.5초 정지 후에 뒤쪽 방향으로 1초간 작동 후에 정지하도록 작성되어 있습니다. 하지만 여러분이 임의로 프로그램을 변경하여 결과를 확인할 수 있습니다.

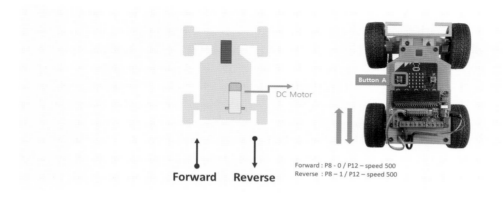

Forward : P8 - 0 / P12 - speed 500
Reverse : P8 - 1 / P12 - speed 500

이번에는 아래 이미지에서 마이크로비트 Button B를 확인합니다. 버튼 B를 누르면 앞쪽 바퀴의 움직임을 확인할 수 있습니다. 여러분이 작성한 프로그램은 서버 모터의 각도를 조종하여 앞바퀴의 방향을 바꾸도록 되어 있습니다. 앞바퀴 방향이 정중앙일 때 서버모터의 각도가 90도입니다. 프로그램은 가장 왼쪽 20도에서 시작하여 55도, 90도, 125도 그리고 가장 오른쪽 160도까지 움직였다가 다시 중앙 90도에서 멈추도록 명령합니다. 하지만 여러분이 임의로 프로그램을 변경하여 결과를 확인할 수 있습니다.

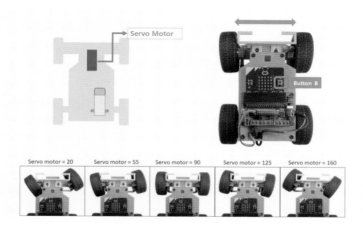

마이크로비트를 이용한 원격 조종은 아래 이미지에서처럼 Radio 무선 주파 기능을 이용합니다. 우리가 라디오를 들을 때 주파수를 맞추는 것처럼, 신호를 보내는(radio send) 마이크로비트와 신호를 받는(radio received) 마이크로비트 간의 주파수를 맞추어야(radio set group = #) 합니다. 주의할 점은 주변에 함께 개발하는 친구들이 있다면, 서로 같은 주파수를 사용하지 않도록 협의하여 주파수를 다르게 설정하여야 한다는 것입니다.

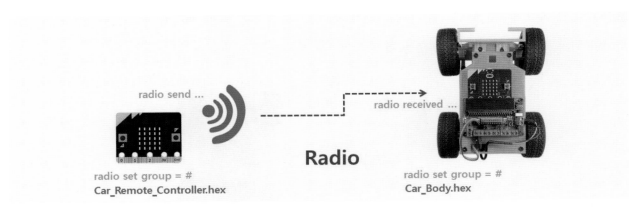

주행 테스트를 위해 마이크로비트 소스코드를 작성합니다. 소스코드는 아래 제공된 코드를 이용하여 여러분이 직접 작성하고 마이크로비트에 업로드하여 사용합니다. 원격 제어용 마이크로비트 소스코드(Car_Remote_Controller.hex)와 명령을 받는 마이크로비트 소스 코드(Car_Body.hex) 2개를 작성합니다.

#### – 원격 제어용 마이크로비트 소스코드〈 Car_Remote_Controller.hex 〉

무선 주파수는 '123'으로 설정하였습니다. 명령을 받는 마이크로비트의 무선 주파수도 동일하게 설정하여야 합니다. 마이크로비트는 기울기를 감지하는 센서가 들어 있습니다. 마이크로비트 로고가 위로 되어 있고 평평한 상태를 'screen up', 옆으로 기울이면 'tilt left', 오른쪽으로 기울이면 'tilt right', 로고를 들어 올리면 'logo up'을 입력받게 됩니다. 상태의 변화에 따라 변수 'screen' 값이 달라지도록 프로그래밍되어 있습니다.

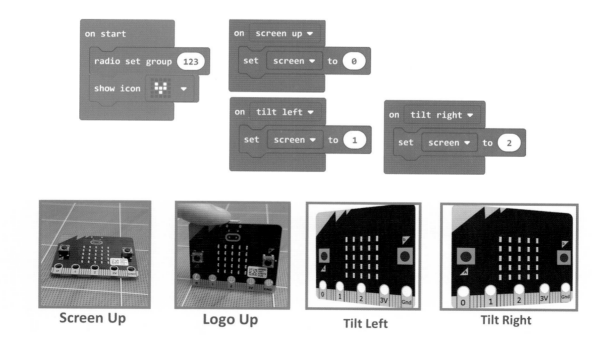

**Screen Up**　　　**Logo Up**　　　**Tilt Left**　　　**Tilt Right**

마이크로비트 버튼 A, B, A+B를 누를 때 상태 값, 즉 변수 'screen'에 저장되어 있는 값에 따라 보내는 명령이 달라집니다. 아래 프로그램에서는 명령을 숫자(radio send number #)로 보냅니다.

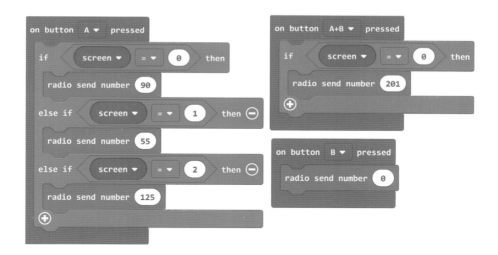

– 명령을 받는 마이크로비트 소스코드〈 Car_Body.hex 〉

무선 주파수는 명령을 보내는 마이크로비트와 동일하게 '123'으로 설정합니다. 함수 'Stop'을 만들고 필요할 때 함수를 콜하여 사용합니다. 함수 'Stop'은 앞바퀴 방향을 정중앙에 위치(Servo 모터 각도: 90)하도록 하고, 뒷바퀴는 정지(DC 모터 속도: 0)하도록 합니다. 프로그램이 시작되면 무선 자동차가 정면을 향하고 정지하도록 하여 주행 준비 상태가 되도록 합니다.

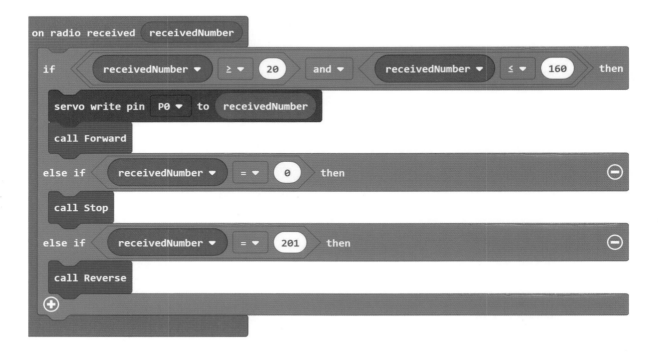

원격 조종 마이크로비트에서 보낸 명령(숫자)을 받습니다. if 조건문을 사용하여 명령(숫자)가 20에서 160 사이일 경우는 그대로 받아서 서버 모터의 각도를 조정합니다. 즉, 앞바퀴를 서버 모터 각도만큼 돌립니다. 그리고 함수 'Forward'를 호출합니다. 만약 0을 받았다면 함수 'Stop'을 호출합니다. 201을 받으면 'Reverse'를 호출합니다.

함수 'Forward'가 호출되면 전진합니다. 'Reverse'는 후진합니다.

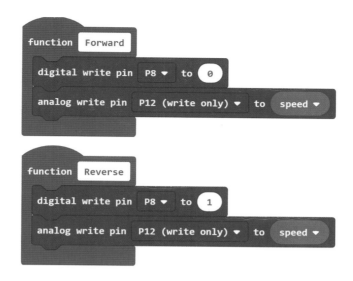

Step 3 PC 키보드를 이용하여 원격 조종하기

파이썬 프로그램을 이용하면 PC 키보드를 이용하여 DIY Car를 원격 조종할 수 있습니다. 물론 이때도 마이크로비트의 무선 주파 기능을 이용합니다. 다만, PC 키보드 입력 값을 받아야 하기 때문에 USB로 Serial 통신을 하는 부분이 추가됩니다.

프로그램은 PC에서 Serial 통신으로 키보드 값을 보내 주는 파이썬 프로그램 소스코드(AI_Car_PySerial.ipynb)와 Serial 통신을 통해 받은 값을 그대로 DIY Car로 보내는 마이크로비트의 소스코드(AI_Car_Serial2Radio.hex), 그리고 DIY Car에서 명령을 받는 마이크로비트 소스코드(AI_Car_Serial_Body.hex) 등 모두 3개의 소스코드가 필요합니다. 여러분이 모두 개발하여 테스트합니다.

특히, 주의할 점은 시리얼 통신 부분인데, 시리얼 통신을 할 때는 통신포트를 잘 확인하여야 합니다. '내 컴퓨터 – 장치 관리자 – 포트(COM & LPT)'에서 USB 직렬 장치(COM#) 포트를 확인하여 파이썬 프로그램 소스코드의 serial.Serial('COM#') 부분에 같은 포트 넘버를 입력해 주어야 합니다.

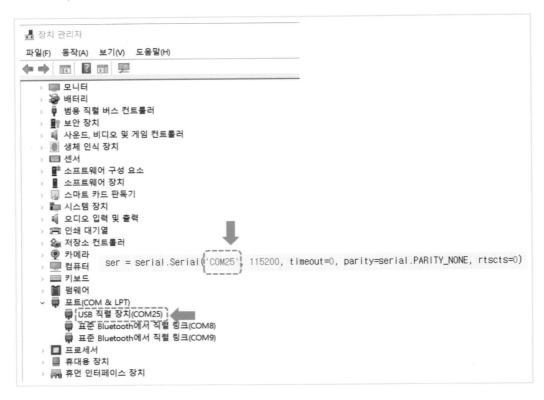

**– PC 키보드 값을 보내는 파이썬 소스코드〈 AI_Car_PySerial.ipynb 〉**

PC 키보드를 이용하여 DIY Car를 원격 조종하려고 합니다. 여러분들이 게임할 때 많이 사용하는 키를 이용할 수 있도록 프로그램을 작성해 봅니다. 아래 이미지에서 DIY Car를 원격 조정하기 위한 키를 정의하였습니다. 직진(forward – w키), 후진(reverse – s키), 좌회전(left – a키), 우회전(right – d키), 정지(stop – space키), 프로그램 종료(quit program – q키)를 사용하려고 합니다.

주피터 노트북을 이용하여 소스코드를 직접 입력하여 작성합니다. 작성이 완료되면 AI_Car_PySerial. ipynb 파일명으로 저장합니다.

시리얼 통신을 위해 파이시리얼 라이브러리를 불러옵니다.

```
In [1]:    1  import serial
```

시리얼 통신으로 명령을 보냅니다. ser.write()는 마이크로비트 소스코드의 serial on data received new line의 serial read until new line과 관계됩니다.

```
In [2]:    1  def SerialSendCommand(ser, cmd):
           2
           3      cmd = str(cmd)
           4      cmd  = cmd + '\n'
           5      cmd = str.encode(cmd)
           6      ser.write(cmd)
```

메인 함수입니다. 여기서 꼭 수정해야 할 부분은 'COM47'부분입니다. 내 컴퓨터 – 장치관리자에서 COM 포트를 확인하여 여러분이 사용하고 있는 포트 번호로 바꾸어야 합니다.

```
In [3]:    1  def Main():
           2
           3      cmd = ''
           4
           5      ser = serial.Serial('COM47', 115200, timeout=0,
           6                          parity=serial.PARITY_NONE, rtscts=0)
           7
           8      print('Input your commands: w, a, s, d + ENTER')
           9      print('Press Spacebar + ENTER to stop')
          10      print('Press q + ENTER to quit')
          11
```

명령을 보내는 부분입니다. 키보드로부터 입력받은 키 값에 따라 명령이 달라집니다. 'q' 키를 누르면 break 명령으로 while 루프를 빠져나가 프로그램이 종료됩니다. 그 이외에는 입력된 키에 따라 변수 cmd 에 90, 55, 125, 201, 0 등을 저장하여 SerialSendCommand(str, cmd) 함수로 보내어 컴퓨터 USB 포트에 연결되어 있는 마이크로비트에 시리얼 통신으로 명령을 전달합니다.

```
          12      while(True):
          13
          14          if cmd == '':
          15
          16              key = input()
          17              if key == 'q':
          18                  break
          19
          20              elif key == 'w':
          21                  cmd = '90'
          22                  print('Forward')
          23              elif key == 'a':
          24                  cmd = '55'
          25                  print('Left')
          26              elif key == 'd':
          27                  cmd = '125'
          28                  print('Right')
          29              elif key == 's':
          30                  cmd = '201'
          31                  print('Reverse')
          32              elif key == ' ':
          33                  cmd = '0'
          34                  print('Stop')
          35
```

프로그램 종료 부분입니다. 자동차를 멈추고 시리얼 통신을 종료합니다.

```
          36          else:
          37              SerialSendCommand(ser, cmd)
          38              cmd = ''
          39
          40      cmd = '0'
          41      SerialSendCommand(ser,  cmd)
          42
          43      ser.close()
```

메인 함수를 호출하여 프로그램을 시작시키는 부분입니다. 키보드에서 w, a, s, d, Spacebar, q 키 등을 입력하고 Enter를 누르면 컴퓨터 USB포터에 연결되어 있는 마이크로비트로 명령을 보내게 됩니다.

```
In [*]:  1  if __name__ == '__main__':
         2      Main()

Input your commands: w, a, s, d + ENTER
Press Spacebar + ENTER to stop
Press q + ENTER to quit
```

- 컴퓨터 USB 포트에 연결된 마이크로비트 소스코드 〈 AI_Car_Serial2Radio.hex 〉

시리얼 통신으로 전달받은 명령을 마이크로비트 무선 통신 기능을 이용하여 자동차에 연결되어 있는 마이크로비트(AI_Car_Serial_Body.hex)에 명령을 전달하는 역할을 합니다. 무선 통신을 위해서 주파수를 맞추어야 합니다. '123'으로 맞추기 위해서 'radio set group' 명령을 사용합니다. 시리얼 통신을 통해 전달된 명령 중에 처음 3문자만 가져와(substring) 숫자로 변환(parse to number)한 후 무선 통신을 이용하여 그 숫자(radio send number)를 보냅니다.

좀 더 구체적으로 알아보면 새로운 줄(new line), 즉 키보드로 명령을 입력하고 엔터키가 입력되면 시리얼 값을 읽어(serial read until new line) 옵니다. 읽어 온 값을 변수 'recv'에 저장합니다. 'recv'에 저장된 값에서 처음부터 3번째까지의 값을 읽어(예를 들면 201)와 숫자로 변환하여 변수 'int'에 저장합니다. 그 값을 radio send number 명령을 이용하여 DIY Car에 있는 마이크로비트로 전송합니다.

명령을 받는 부분은 'RC_Body.hex'와 같은 소스코드를 사용합니다.

# 인공지능 학습에 필요한 데이터 수집하기

여러분이 자동차 운전을 하려면 일정 나이가 되었을 때 운전면허를 취득해야 합니다. 이를 위해서는 교통 신호나 도로 표지판 등을 보고 의미를 알아야 합니다. 열심히 학습하여 운전면허 시험에 통과하여야 자동차를 운전할 수 있습니다.

인공지능은 사람을 흉내 내는 거라고 합니다. 기계를 훈련시키면 사람이 하는 것과 같이 기계도 할 수 있게 된다는 것입니다.

인공지능 자동차의 경우는 운전면허가 있는 사람이 교통신호를 보고 좌회전을 할지 우회전을 할지 결정하여 주행하는 것을 기계가 똑같이 따라 하도록 프로토타입을 개발해 보는 활동입니다. 그러기 위해서는 인공지능 자동차가 인식하게 될 신호 이미지 데이터를 정하고, 기계학습을 시킬 수 있는 형태로 수집해야 합니다.

인공지능 자동차가 인식하게 될 신호 이미지 데이터와 저장 폴더입니다.

파란색 바탕에 흰색으로 신호가 표시되어 있습니다. 신호는 left, right, uturn, forward, stop을 사용하게 됩니다. others에는 아무 신호가 없을 때 기계가 어떻게 해야 하는지에 대해 명령을 보내고자 주행 테

스트 주변의 파란색 물체 등을 촬영합니다. 사람은 신호가 없을 때 스스로 판단하여 운전할 수 있지만, 기계는 훈련시키지 않으면 아무것도 할 수 없음을 기억해야 합니다. test에는 인공지능 학습 후에 신호를 잘 인식하는지를 테스트해 보기 위해 학습에 사용하지 않은 신호 데이터를 모아 둡니다.

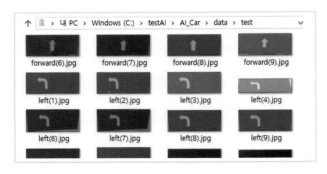

인공지능 자동차는 먼저 파란색을 찾을 것이고, 이어서 신호 패턴을 인식하여 사람이 인식하는 것과 같은 흉내를 내게 됩니다. 하지만 신호를 보면 직관적으로 아는 사람과는 달리, 기계는 그렇지 못합니다. 따라서 충분한 데이터를 수집하고 인간의 뇌구조와 같은 인공지능 모델을 만든 후 기계를 잘 학습시켜야 합니다.

인공지능 자동차 프로토타입 개발을 위해서 각 신호별로 250개의 신호 데이터를 수집하겠습니다. left(좌회전) 250, right(우회전) 250, forward(직진) 250, uturn(유턴) 250, stop(정지) 250 등 총 1,250개의 신호데이터 파일을 만들에 해당 신호 폴더에 저장합니다. 그리고 기계학습 후에 최종적으로 얼마나 잘 인식하는지를 판단하기 위해서 학습에 사용되지 않는 데이터를 각 신호별로 10개씩 50개의 평가 데이터 파일을 만들어 test 폴더에 저장합니다.

위와 같은 신호 이미지 데이터를 수집하려면 DIY Car에 카메라가 있어야 합니다. DIY Car에는 별도의 카메라 장치가 없습니다. 그래서 여러분이 사용하는 스마트 폰 카메라를 이용합니다. 스마트 폰 IP WebCam 앱은 데이터 수집에 훌륭한 장치로 이용할 수 있습니다.

### Step 1  스마트 폰 카메라 연결하기

#### – IP Webcam 애플리케이션 설치하기

다양한 애플리케이션이 있겠지만 필자가 찾은 앱을 소개하겠습니다. 현재는 안드로이드 버전만 가능합니다. 설치를 위해 스마트 폰 구글 플레이 스토어에서 'ipcam'(❶)을 검색합니다. 검색된 앱 중에 'IP

Webcam'(❷)을 찾아 설치합니다. 프로그램을 실행(❸)하고 영상 관련 설정 값을 ❹에서 ❽까지를 참고하여 640x480, 세로 보기 방식으로 선택합니다. 마지막으로 서버 시작(❾)을 클릭하면 스마트 폰 비디오 영상을 PC에서 읽어 올 수 있는 IP 주소(❿)가 나타납니다.

- 파이썬에서 스마트 폰 영상 불러오기

위에서(❿) IP Address 값이 172.30.1.47:8080입니다. 다음 파이썬 소스코드를 입력하여 실행하면 주피터 노트북에서 스마트 폰 영상을 확인할 수 있습니다.

비디오를 사용하기 위해 opencv 라이브러리를 불러옵니다(import cv2). 스마트 폰 카메라로 불러온 영상 처리를 위해 imutils 라이브러리를 불러옵니다. 우리 프로젝트에서는 폰을 뒤집어서 사용하기 때문에 여러분이 보기 편하도록 하기 위해서는 다시 180도 회전시켜야 합니다. 이때 사용하는 라이브러리입니다.

```
In [1]:    1  import cv2
           2  import imutils
```

메인 함수입니다. 180도 회전을 위해 변수 rotation에 180을 저장합니다. IP Webcam을 이용하여 비디오를 불러옵니다. IP adress는 여러분의 스마폰 IP Webcam 서버 IP로 바꾸어야 합니다.

```
In [2]:    1  def Main():
           2
           3      rotation = 180
           4      print('Press q to quit')
           5
           6      video_capture = cv2.VideoCapture('https://172.30.1.47:8080/video')
           7
```

비디오를 읽어 와(video_capture.read()) 180도 회전시킨(imutils.rotate_bound()) 후에 새로운 윈도 창에서 보여 줍니다(cv2.imshow()).

```
           8      while(True):
           9
          10          grabbed, frame = video_capture.read()
          11          frame = imutils.rotate_bound(frame, rotation)
          12
          13          cv2.imshow('IP Webcam',frame)
          14
          15          key = cv2.waitKey(1);
          16          if key == ord('q'):
          17              break
          18
          19      video_capture.release()
          20      cv2.destroyAllWindows()
```

```
In [*]:    1  if __name__ == '__main__':
           2      Main()

  Press q to quit
```

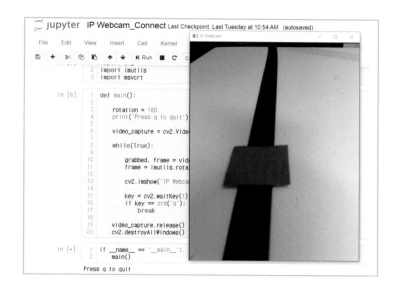

Step 2 스마트 폰 카메라를 보면서 PC 키보드를 이용하여 원격 조종하기

스마트 폰 카메라가 연결되었다면, 이제 여러분은 카메라를 이용하여 사람이 가기 어려운 곳을 DIY Car를 원격 조종하여 갈 수 있게 되었습니다. 사람이 가기 어려운 협조한 장소이지만 사람들의 안전을 위해서 자주 점검이 필요한 곳 등에 이용될 수 있을 것입니다. 키보드 조정은 비디오 화면이 활성화된 상태에서 가능합니다.

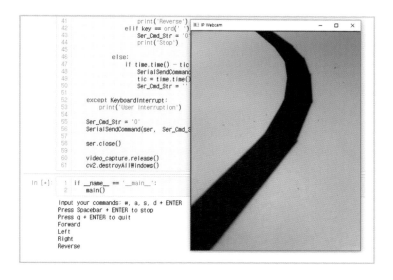

아래 전체 소스코드를 주피터 노트북에 입력하고 스마트 폰 IP Webcam 앱의 영상 서버를 실행한 후 프로그램 전체를 실행하여 스마트 폰 영상을 보면서 PC 키보드를 이용하여 DIY Car를 조정해 봅니다.

- 주의 : 통신 포트 접속 에러를 만나면 주피터 노트북의 Kernel을 Restart하거나 마이크로비트를 USB 포트에서 제거한 후 다시 연결하면 해결할 수 있습니다.

```
In [1]:  1  import serial
         2
         3  import cv2
         4  import imutils
         5  import msvcrt
```

```
In [2]:  1  def SerialSendCommand(ser, cmd):
         2
         3      cmd = str(cmd)
         4      cmd  = cmd + '\n'
         5      cmd = str.encode(cmd)
         6      ser.write(cmd)
```

```
In [3]:  1  def Main():
         2
         3      ser = serial.Serial('COM47', 115200, timeout=0,
         4                          parity=serial.PARITY_NONE, rtscts=0)
         5
         6      rotation = 180
         7      cmd = ''
         8
         9      print('Input your commands: w, a, s, d')
        10      print('Press Spacebar to stop')
        11      print('Press q to quit')
        12
```

- 'COM47' 포트는 내 컴퓨터 – 장치 관리자에서 포트 번호를 확인하기 바랍니다.

```
        13      while(True):
        14
        15          video_capture = cv2.VideoCapture('https://172.30.2.99:8080/video')
        16
        17          grabbed, frame = video_capture.read()
        18          frame = imutils.rotate_bound(frame, rotation)
        19          cv2.imshow('IP Webcam', frame)
        20
```

- IP Address 'https://172.30.2.99:8080'은 여러분의 핸드폰 IP Webcam 서버 IP로 바꾸어 주어야 합니다.

```
21            if cmd == '':
22
23                key = cv2.waitKey(1);
24                if key == ord('q'):
25                    break
26
27                elif key == ord('w'):
28                    cmd = '90'
29                    print('Forward')
30                elif key == ord('a'):
31                    cmd = '20'
32                    print('Left')
33                elif key == ord('d'):
34                    cmd = '160'
35                    print('Right')
36                elif key == ord('s'):
37                    cmd = '201'
38                    print('Reverse')
39                elif key == ord(' '):
40                    cmd = '0' #
41                    print('Stop')
42
```

• 20, 160의 수치는 여러분이 자동차를 주행하는 장소에 따라 수정해야 할 수 있습니다. 55, 125 등
으로 수정해서 실행해 봅니다.

```
43            else:
44                SerialSendCommand(ser, cmd)
45                tic = time.time()
46                cmd = ''
47
48        cmd = '0'
49        SerialSendCommand(ser,  cmd)
50
51        ser.close()
52
53        video_capture.release()
54        cv2.destroyAllWindows()
```

```
In [4]:   1  if __name__ == '__main__':
          2      Main()

Input your commands: w, a, s, d
Press Spacebar to stop
Press q to quit
```

전체 프로그램을 실행하면 비디오 실행 창이 활성화됩니다. 활성화된 상태에서 키보드의 'w, a, s, d,
spacebar, q' 등의 키를 누르면 명령이 전달되고 주피터 노트북에 'Forward', 'Left', 'Right', 'Reverse' 등

과 같이 출력되어 어떤 명령이 전달
되었는지 확인이 가능합니다.

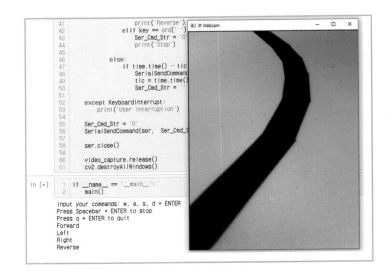

Step 3
신호 이미지 데이터 수집하기

Step 2에서 스마트 폰 카메라를 연결하여 DIY Car를 원격 조종할 수 있는 방법을 배웠습니다. 이제는 원격 조종하면서 신호 이미지를 만나면 신호 이미지 데이터를 저장하여 인공지능 모델에 필요한 데이터로 확보하도록 합니다.

– 아래 인공지능 자율 주행 테스트 Playfield를 준비합니다.

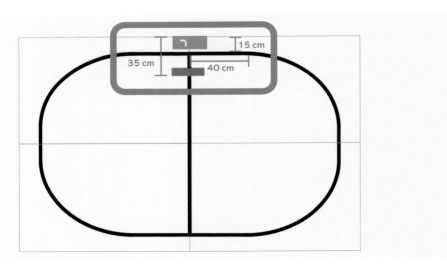

– 주피터 노트북을 이용하여 전체 소스코드를 작성합니다. 작성된 소스코드는 'AI_Car_Data_Acquisition.ipynb' 파일명으로 저장하여 보관합니다. 프로그램을 'Step 2'의 방법으로 실행하여 주행하면서 신호 이미지를 만나면 데이터로 저장합니다. 신호 이미지를 바꾸어 가면서 left, right, stop, uturn, forward 모든 신호의 이미지 데이터를 캡처하여 data 폴더 하위폴더로 옮겨 저장합니다. 그리고 Playfield 주변의 파란색이 있는 부분을 따로 저장하여 others 폴더에 저장합니다. 신호 이미지 데이터를 저장할 때는 키보드의 'p(photo)' 키를 입력하여 저장합니다.

```
52          elif key == ord('p'):
53              if cropped is not None:
54                  file = datetime.datetime.now().strftime("%Y%m%d_%H%M%S%f") +'.jpg'
55                  cv2.imwrite(file,cropped)
56                  print(file, ' saved')
```

'p' 키를 입력하여 신호 이미지 데이터를 저장할 때 파일명은 자동으로 부여됩니다. datetime.datetime. now().strftime("%Y%m%d_%H%M%S%f") + '.jpg' 코드에 의해서 '연월일_시분초.jpg'로 저장됩니다.


아래 전체 소스코드를 입력하여 기계학습에 필요한 데이터를 수집하도록 합니다. 모든 소스코드 내용을 다 이해하기는 어렵습니다. 이해되는 부분만 이해하고 어려운 부분은 다음에 공부하기로 합니다. 필요하다면 인터넷 검색을 통해 더 공부하는 것도 좋은 방법입니다.

```
In [1]:    1  import time
           2  import serial
           3
           4  import cv2
           5  import imutils
           6
           7  import numpy as np
           8
           9  import sys
          10  import datetime
          11
          12  from imutils.perspective import four_point_transform
```

• 1~12번째 줄은 프로그램 실행에 필요한 라이브러리들을 불러오는 부분입니다. 프로그램의 다른 부분을 실행하기 전에 가장 먼저 실행되어야 하는 부분입니다. cv2는 python용 OpenCV 라이브러리로 비디오 처리를 돕습니다. sys는 시스템 제어와 관련한 명령이 포함되어 있는 라이브러리입니다. 키보드에서 특정키를 입력받을 때 사용합니다. datatime은 컴퓨터의 시간에 관한 함수를 사용하기 위한 것으로 신호 이미지 데이터를 저장할 때 날짜와 시간을 파일명으로 할 때 이용합니다. imutils는 신호 이미지의 파란색 배경을 찾을 때 사용합니다. 각각의 라이브러리에 대해서는 여러분 각자가 인터넷을 통해 더 자세히 찾아서 알아보면 앞으로 공부에 크게 도움이 될 것입니다.

```
In [2]:    1   def SerialSendCommand(ser, cmd):
           2
           3       cmd = str(cmd)
           4       cmd  = cmd + '\n'
           5       cmd = str.encode(cmd)
           6       ser.write(cmd)
```

- 시리얼 통신을 위한 함수입니다. 메인 함수에서 명령(cmd)을 전달받으면 컴퓨터 USB 포트에 연결 되어 있는 마이크로비트에 시리얼 통신으로 명령을 전달합니다.

```
In [3]:    1   def FindTrafficSign(grabbed, frame):
           2
           3       lower_hsv = np.array([85,100,70])
           4       upper_hsv = np.array([115,255,255])
           5
           6       if not grabbed:
           7           return
           8
           9       frameArea = frame.shape[0] * frame.shape[1]
          10
          11       hsv = cv2.cvtColor(frame, cv2.COLOR_BGR2HSV)
          12       mask = cv2.inRange(hsv, lower_hsv, upper_hsv)
          13
          14       kernel = np.ones((5,5),np.uint8)
          15       mask = cv2.morphologyEx(mask, cv2.MORPH_OPEN, kernel)
          16       mask = cv2.morphologyEx(mask, cv2.MORPH_CLOSE, kernel)
          17
          18       largestArea = 0
          19       largestRect = None
          20
          21       cnts = cv2.findContours(mask.copy(), cv2.RETR_EXTERNAL,
          22                          cv2.CHAIN_APPROX_SIMPLE)[-2]
          23
```

- FindTrafficSign() 함수는 스마트 폰 카메라에서 읽은 영상에서 파란색 영역을 찾는 함수로 신호 이 미지 데이터를 찾아 cropped에 담아 다시 돌려주는 함수입니다. 신호 이미지는 이 책의 맨 뒤에 있 는 신호를 오려서 사용하거나 직접 만들어 사용할 수 있습니다. 3~4번째 줄은 파란색 정도를 정의 한 부분입니다. 대략 이 정도 값을 가진 색의 영역을 파란색으로 처리한다는 의미입니다. 9번째는 스마트 폰 카메라 영상의 크기를 계산하는 것입니다. 11~22번째 줄은mask를 이용하여 파란색 영 역의 윤곽선을 찾아 변수 cnts에 값을 입력합니다. 21번째 줄의 cv2.findContours() 함수에서 mask. copy()는 마스크를 통해 찾은 파란색 이미지이고 cv2.RETR_EXTERNAL은 이미지의 가장 바깥쪽의 contours만 추출하며, 22번째 줄 cv2.CHAIN_APPROX_SIMPLE은 contour에서 4개의 모서리점만 추출합니다.

```
24        if len(cnts) > 0:
25
26            for cnt in cnts:
27
28                rect = cv2.minAreaRect(cnt)
29                box = cv2.boxPoints(rect)
30                box = np.int0(box)
31
32                sideOne = np.linalg.norm(box[0]-box[1])
33                sideTwo = np.linalg.norm(box[0]-box[3])
34
35                area = sideOne * sideTwo
36
37                if area > largestArea:
38                    largestArea = area
39                    largestRect = box
40
41        if largestArea > frameArea * 0.02:
42            cv2.drawContours(frame, [largestRect], 0, (0,0,255), 2)
43
44        cropped = None
45        if largestRect is not None:
46            cropped = four_point_transform(frame, [largestRect][0])
47
48        return frame, cropped, largestRect
```

• 28번째 줄 cv2.minAreaRect() 함수로 영상 외곽선을 찾는 가장 작은 직사각형을 구할 수 있습니다. 29번째 줄 cv2.boxPoints() 함수는 직사각형의 꼭짓점 값을 반환해 줍니다. 외곽선 직사각형의 가로 세로 값을 구하여 직사각형의 크기(area)를 구한 후 제일 큰 직사각형의 값을 저장합니다(largestAarea = area). cv2.drawContours() 함수는 외곽선 그리기와 관련된 함수입니다. 파란색 영역의 윤곽선을 빨간색 테두리로 선 두께 2만큼 화면에 그리는 코드입니다. (0,0,255)에서 볼 수 있듯이 다른 색은 없고 붉은색만으로 선을 표시합니다. 그리고 선은 2픽셀 두께를 가집니다.

```
In [4]:  1  def main():
         2
         3      cmd = ''
         4
         5      ser = serial.Serial('COM47', 115200, timeout=0, parity=serial.PARITY_NONE, rtscts=0)
         6
         7      rotation = 180
         8
         9      print('Input your commands: w, a, s, d')
        10      print('Press Spacebar to stop')
        11      print('Press q to quit')
        12      print('Press p to save a image data')
        13
```

- 메인 함수입니다. COM 포트는 확인하여 바꾸어야 합니다.

```
14    while(True):
15
16        video_capture = cv2.VideoCapture('https://172.30.2.99:8080/video')
17
18
19
20        grabbed, frame = video_capture.read()
21        frame = imutils.rotate_bound(frame, rotation)
22
23        frame, cropped, largestRect = FindTrafficSign(grabbed, frame)
24
25        cv2.imshow('IP Webcam', frame)
26
27        if cropped is not None:
28            cv2.imshow("cropped", cropped)
29
```

- 16번째 줄의 스마트 폰 IP Webcam 서버 IP 주소(172.30.2.99:8080)는 여러분의 스마트 폰에서 IP Webcam 서버를 실행한 후 확인하여 변경하여야 합니다.
- 23번째 줄은 FindTrafficSing(grappbed, frame) 함수를 호출하여 명령을 수행한 후 frame, cropped, largestRect 값을 반환받습니다.
- 27~28번째 줄에서 만약 cropped 값이 있으면 새로운 창에서 cropped된 비디오를 보여 줍니다.

```
30        if cmd == '':
31
32            key = cv2.waitKey(1);
33            if key == ord('q'):
34                break
35
36            elif key == ord('w'):
37                cmd = '90'
38                print('Forward')
39            elif key == ord('a'):
40                cmd = '20'
41                print('Left')
42            elif key == ord('d'):
43                cmd = '160'
44                print('Right')
45            elif key == ord('s'):
46                cmd = '201'
47                print('Reverse')
48            elif key == ord(' '):
49                cmd = '0'
50                print('Stop')
51
52            elif key == ord('p'):
53                if cropped is not None:
54                    file = datetime.datetime.now().strftime("%Y%m%d_%H%M%S%f") +'.jpg'
55                    cv2.imwrite(file,cropped)
56                    print(file, ' saved')
57
```

- 36~50번째 줄은 스마트 폰 카메라로부터 비디오를 입력받고 있는 창이 활성화된 상태에서 키보드를 이용하여 DIY Car를 원격 조종합니다.
- 52~56번째 줄은 cropped 이미지가 있으면, 즉 신호 이미지를 찾았다면 키보드에서 p(photo)를 눌러 신호 이미지 데이터를 저장합니다.

```
58          else:
59              SerialSendCommand(ser, cmd)
60              cmd = ''
61
62      cmd = '0'                    # 20 - 160 범위 이외의 경우 - 정지
63      SerialSendCommand(ser,  cmd)
64
65      ser.close()
66
67      video_capture.release()
68      cv2.destroyAllWindows()
```

- 58~60번째 줄은 시리얼 통신으로 명령을 보냅니다. 62~68번째는 프로그램이 정상적으로 종료되도록 돕습니다.

```
In [*]:   1  if __name__ == '__main__':
          2      main()

Input your commands: w, a, s, d
Press Spacebar to stop
Press q to quit
Press p to save a image data
```

- 프로그램을 시작시킵니다.


Step 4  **프로그램 조금 더 이해해보기**

앞에서 다룬 소스코드 중 몇몇 부분을 조금 더 이해해 봅니다.

```
key = cv2.waitKey(25);
```

cv2.waitKey(25) 명령은 25ms(밀리세컨드) 동안 키보드 입력을 기다리라는 것입니다. 25라는 값을 너무 작게 하면 키보드 입력을 기다릴 시간이 없어져 'p'나 'q'를 눌러도 동작을 하지 않거나 반대로 너무 큰 값을 넣으면, 예를 들어 2000을 넣으면 2초 동안 카메라가 동작하지 않습니다. 즉, 카메라의 영상이 2초 동안 멈춰 있게 됩니다.

```
file = datetime.datetime.now().strftime("%Y%m%d_%H%M%S") +'.jpg'
```

'p'를 누르면 신호 이미지 데이터를 저장합니다. 위의 명령은 파일 이름을 정해 주는 명령어인데, ("%Y%m%d_%H%M%S") +'.jpg'가 의미하는 내용은 '연, 월, 일_시, 분, 초.jpg'의 형태로 파일 이름을 만들라는 것입니다.

```
20190714_120022.jpg    saved
20190714_120023.jpg    saved
20190714_120024.jpg    saved
```

여기서 잠깐, 그럼 그 파일은 어디에 저장될까요? 별도로 폴더는 지정하지 않았으니 지금 이 프로그램 파일이 저장되어 있는 폴더와 동일한 폴더에 사진이 저장됩니다. 즉 [c:\testAI\AI_Car] 폴더에 저장됩니다.

```
video_capture = cv2.VideoCapture('https://172.30.1.47:8080/video')
```

cv2.VideoCapture라는 함수를 사용하는 부분인데, 'https://172.30.1.47:8080/video'는 스마트 폰 IP Webcam 서버 주소입니다. grabbed, frame = video_capture.read()는 [frame = cv2.VideoCapture ('https://172.30.1.47:8080/video')]에서 비디오를 읽어 오는 명령입니다. 비디오를 바르게 읽어 오면 grabbed 변수에는 'True'를 frame 변수에는 읽은 영상을 한 장의 사진 단위로 저장합니다.

```
video_capture.release()
cv2.destroyAllWindows()
```

영상 캡처와 관련한 프로그램을 정상적으로 종료하고 영상을 보여 주는 창들을 닫는 명령입니다.

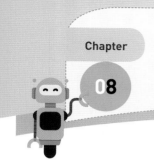

# Chapter 08

# 인공지능 학습 모델 만들기 및 기계학습

신호 이미지 데이터 수집 및 정제, 폴더별 정리가 모두 완료되었다면 이제 수집된 신호 데이터를 AI Car가 인식할 수 있도록 합니다. 이것을 '기계학습'이라고 합니다. 기계학습은 딥러닝을 이용하여 학습할 것입니다. 단, 여기서 기억해 둬야 할 것은 신호 데이터를 보는 것은 스마트 폰 카메라를 이용하지만 신호 이미지를 인식하는 것은 여러분 컴퓨터에서 한다는 점입니다.

사람의 경우 눈을 통해 보지만 실제 판단은 뇌가 하는 것과 비슷한 원리로 생각하면 됩니다. 사람이 운전을 하기 위해서는 도로 교통 표지판을 보고 그 표지판이 무엇을 의미하는지를 공부한 다음, 시험에 통과해야 운전면허증을 받을 수 있습니다. 운전면허증을 받은 후에는 시내 주행 연습 기간을 가진 후에야 비로소 제대로 운전을 할 수 있게 됩니다.

인공지능 자동차는 스마트 폰 카메라를 통해 신호 데이터를 봅니다. 신호가 무엇을 의미하는지는 여러분이 학습을 시켜 주어야 합니다. 학습을 시키기 위해서 인공지능 모델과 최적 학습 방법을 찾는 과정이 필요합니다. 학습 후에는 제대로 학습했는지에 대한 평가가 필요합니다. 테스트 과정은 학습이 완료된 후 test 폴더에 있는 이미지들을 이용하여 컴퓨터가 어떻게 인식하는지를 확인하게 됩니다. 그림과 같이 '왼쪽으로(left().jpg)' 신호 이미지 파일에 대해 '왼쪽으로(Left)' 신호로 예측하게 되면, 기계학습이 잘된 것으로 생각할 수 있습니다.

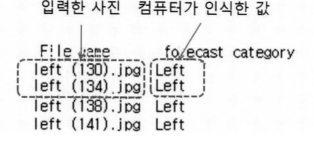

이번 Chapter에서는 수집된 신호 이미지 데이터를 학습시키기 위한 인공지능 모델과 최적 학습 방법을 찾는 방법에 대해 알아봅니다. 인공지능 모델을 만드는 과정은 청소년 여러분에게는 상당히 어려울 수 있습니다. 깊이 있는 공부는 추후 전공공부 등을 통해서 하기로 하고 여기서는 개략적으로 이해해 보도록 합니다. 인공지능 학습 모델과 기계학습을 위해 제공되는 소스코드를 주피터 노트북을 이용하여 직접 입력하여 작성합니다. 작성이 완료되면 'AI_Car_Modeling.ipynp' 파일명으로 저장하여 따로 보관합니다. 기계학습이 완료되면 최종적으로 실제 자동차를 자율 주행하면서 신호를 제대로 인식하는지 확인합니다. 이때 기계학습하는 과정에서 생성된 모델 및 기계학습 결과 파일을 활용합니다.

다음 소스코드를 주피터 노트북에 모두 입력하고 실행하여 봅니다. model.json 파일과 weights.h5 파일이 자동 생성되어 'C:/testAI/AI_Car/model' 폴더에 저장될 것입니다. 이 파일은 이후 인공지능 자동차가 신호를 인식하여 자율 주행하는 데 인공지능처럼 사용된다고 할 수 있겠습니다.

```
In [1]:  1  import cv2
         2  import numpy as np
         3
         4  import os
         5  import glob
         6
         7  from keras.models import Model
         8  from keras.layers import Input, BatchNormalization, Conv2D, Activation
         9  from keras.layers import MaxPool2D, Flatten, Dense, Add
        10  from keras.optimizers import Adam
        11
        12  import matplotlib.pyplot as plt
```
Using TensorFlow backend.

• 이 부분을 입력하고 실행하면 TensorFlow를 사용할 수 있는 상태(Using TensorFlow backend)가 됩니다. 인공지능 모델을 만들기 위해 Keras 라이브러리를 사용하기 때문입니다. 1번째 줄은 캠으로 들어오는 이미지 처리를 위한 OpenCV 라이브러리입니다. 2번째 줄은 불러들인 이미지의 값을 쉽게 처리하기 위한 numpy 라이브러리입니다. 4번째 줄은 파일 경로를 접근하기 위한 os 라이브러리입니다. 5번째 줄은 jpg 파일 리스트를 생성할 때 사용할 glob 라이브러리입니다. 7~10 번째 줄은 모델링을 하기 위한 keras 라이브러리입니다. 12번째 줄은 기계학습 과정을 그래프로 확인하기 위한

matplot 라이브러리입니다.

```
In [2]:    1  def conv_block(x, filters):
           2
           3      x = BatchNormalization() (x)
           4      x = Conv2D(filters, (3, 3), activation='relu', padding='same') (x)
           5
           6      x = BatchNormalization() (x)
           7      shortcut = x
           8      x = Conv2D(filters, (3, 3), activation='relu', padding='same') (x)
           9      x = Add() ([x, shortcut])
          10      x = MaxPool2D((2, 2), strides=(2, 2)) (x)
          11
          12      return x
```

- 인공지능 모델을 만듭니다. 인공지능 모델을 만드는 것은 매우 어렵다고 합니다. 여러분은 여기에 있는 모델을 그대로 사용해 보고, '더 알아보기'에서 내용을 좀 더 이해하도록 노력해 봅니다. 하지만 모든 것을 이해하기보다는 개략적으로 이해한다고 생각하면 됩니다. 인터넷에는 잘 만들어진 모델이 많이 공유되어 있습니다. 여러분이 직접 모델을 만들 수도 있지만, 잘 만들어진 모델을 찾아서 잘 활용하는 것도 훌륭한 방법입니다.

- 여기에 제시되어 있는 인공지능 모델은 CNN(Convolutional Neural Network, 컨볼루션 신경망)을 사용합니다. 기본적인 Convolution 블록을 함수(conv_block())로 만들었습니다. 매개변수로 입력 값(x)와 필터 개수(filters)를 받습니다.

- 3, 6번째 줄 BatchNormalization() 함수는 CNN의 성능을 높이기 위해 입력 값을 정규화해 주는 함수입니다. 4, 8, 10번째 줄은 컨볼루션(Convolution) 레이어, relu, 맥스풀링(Max Pooling) 레이어를 반복하면서 이미지의 특징을 추출합니다. 7, 9번째 함수는 입력에 대해서 두 번의 필터링을 한 후 한 번 maxpooling 하는 것을 블록으로 묶어서 사용하기 위한 함수입니다.

```python
In [3]:
 1  def custom_model(input_shape, n_classes):
 2
 3      input_tensor = Input(shape=input_shape)
 4
 5      x = conv_block(input_tensor, 32)
 6      x = conv_block(x, 64)
 7      x = conv_block(x, 128)
 8      x = conv_block(x, 256)
 9      x = conv_block(x, 512)
10
11      x = Flatten() (x)
12      x = BatchNormalization() (x)
13      x = Dense(512, activation='relu') (x)
14      x = Dense(512, activation='relu') (x)
15
16      output_layer = Dense(n_classes, activation='softmax') (x)
17
18      inputs = [input_tensor]
19      model = Model(inputs, output_layer)
20
21      return model
```

- custom_model() 함수는 이미지의 입력 값(input_shape)과 분류 값(n_classes)을 가지고 conv_block() 함수를 호출해 가면서 CNN 모델을 생성합니다. Flatten() 함수는 이미지의 특징을 추출한 값을, 이미지는 2차원이므로 이것을 1차원 형태로 변경하는 함수이며 Fully connected layer에 연결하기 위해 사용됩니다. 그리고 이미지의 특징을 추출한 값으로 이미지를 분류하기 위해 softmax 함수를 사용합니다. 이 softmax 함수가 입력된 이미지가 left, right, stop, forward, uturn 중 어느 것과 비슷할 확률이 가장 높은지를 계산하여 그중 가장 높은 값을 출력해 줍니다.

```
In [4]:    1   # 모델에 사용되는 이미지 크기 설정 및 데이터 분류 개수
           2   input_height = 48
           3   input_width = 48
           4   input_channel = 3
           5
           6   input_shape = (input_height, input_width, input_channel)
           7   n_classes = 6  # forward, left, right, stop, uturn, others
           8
           9   # 인공지능 학습에 사용되는 이미지 데이터 위치 지정
          10   data_dir = './data'
          11   data1_path = os.path.join(data_dir, 'left', '*.jpg')
          12   data1_files = glob.glob(data1_path)
          13   data2_path = os.path.join(data_dir, 'right', '*.jpg')
          14   data2_files = glob.glob(data2_path)
          15   data3_path = os.path.join(data_dir, 'stop', '*.jpg')
          16   data3_files = glob.glob(data3_path)
          17   data4_path = os.path.join(data_dir, 'others', '*.jpg')
          18   data4_files = glob.glob(data4_path)
          19   data5_path = os.path.join(data_dir, 'forward', '*.jpg')
          20   data5_files = glob.glob(data5_path)
          21   data6_path = os.path.join(data_dir, 'uturn', '*.jpg')
          22   data6_files = glob.glob(data6_path)
          23
          24   test_path = os.path.join(data_dir, 'test', '*.jpg')
          25   test_files = glob.glob(test_path)
```

• 기계학습에 사용될 신호 이미지 데이터가 저장되어 있는 위치, 기계학습에 사용될 신호 이미지 데이터의 크기 등을 정해 주는 부분입니다. 스마트 폰 카메라로 수집한 신호 이미지는 크기가 크고 다양합니다. 수집된 신호 이미지 데이터를 기계학습에 이용하기 위해서는 이미지 크기를 일관되게 고정해야 합니다. 입력채널이 3개인 것은 색상이 R, G, B 세 개의 값으로 정해지기 때문입니다. n_classes는 left, right, stop, forward, uturn 등 5종류의 신호 이미지를 인식해야 하기 때문에 분류 총 수를 6으로 지정합니다.

• 2~6번째 줄은 기계학습을 위해 사용될 신호 이미지 데이터를 규격화된 크기(48x48x3)로 입력받을 준비를 합니다. 7번째 줄은 인공지능 자동차에게 학습시킬 신호 이미지 데이터의 종류(left, right, stop, forward, uturn)의 총 수입니다. 10~22번째 줄은 기계학습에 사용될 신호 이미지 데이터가 저장되어 있는 위치를 지정합니다. 24~25번째 줄은 기계학습이 모두 끝난 후에 학습이 잘되었는지를 평가하기 위한 평가 신호 이미지 데이터가 저장되어 있는 위치를 지정합니다.

```
In [5]:    1   # 인공지능 학습에 사용되는 이미지의 총 개수 계산
           2   n_train = len(data1_files) + len(data2_files) ₩
           3           + len(data3_files) + len(data4_files) ₩
           4           + len(data5_files) + len(data6_files)
           5   n_test = len(test_files)
```

- 인공지능 학습에 사용될 신호 이미지 데이터 총 수를 계산하여 변수 n_train에 저장합니다. 기계학습 후 평가를 위해 사용될 신호 이미지 데이터 총 수를 계산하여 변수 n_test에 저장합니다. 만약 신호별(left, right, stop, others, forward, uturn) 이미지 수가 250개이면 n_train의 값은 1,500이 됩니다. 평가를 위한 신호 이미지 수가 신호별로 10이면 n_test의 값은 60이 됩니다.

```
In [6]:    1   # 인공지능 학습 데이터 및 레이블이 들어갈 변수 초기화
           2   trainset = np.zeros(
           3       shape=(n_train, input_height, input_width,
           4           input_channel), dtype='float32')
           5
           6   label = np.zeros(
           7       shape=(n_train, n_classes), dtype='float32')
           8
           9   testset = np.zeros(
          10       shape=(n_test, input_height, input_width,
          11           input_channel), dtype='float32')
```

- 인공지능 학습에 사용될 신호 이미지 데이터 훈련 셋(trainset), 신호 이미지 데이터에 의미를 부여할 라벨(label), 평가에 사용할 테스트 셋(testset) 등의 변수를 초기화합니다.

```
In [7]:    1   # 인공지능 학습에 사용될 이미지 데이터 파일 전체
           2   train_files = data1_files + data2_files + data3_files ₩
           3           + data4_files + data5_files + data6_files
           4
           5   # 인공지능 학습에 사용될 이미지 데이터 크기 조정
           6   # 훈련데이터 셋에 저장
           7   for ind, file in enumerate(train_files):
           8       try:
           9           image = cv2.imread(file)
          10           resized_image = cv2.resize(image,
          11                   (input_width, input_height))
          12           trainset[ind] = resized_image
          13       except Exception as e:
          14           print(file)
          15
```

- 2번째 줄은 인공지능 학습에 사용될 신호 이미지 데이터 파일 전체를 변수 train_files에 저장합니다. 7~14번째 줄은 train_files에 저장되어 있는 파일을 하나씩 불러와 이미지 크기를 48x48로 조정한 후 훈련 셋 리스트(trainset[ind])에 저장합니다.

```
16  # 인공지능 학습 후 평가를 위해 사용될 이미지 데이터 크기 조정
17  # 평가데이터 셋에 저장
18  for ind, file in enumerate(test_files):
19      try:
20          image = cv2.imread(file)
21          resized_image = cv2.resize(image,
22                          (input_width, input_height))
23          testset[ind] = resized_image
24      except Exception as e:
25          print(file)
26
27  # 훈련데이터 및 평가데이터를 0과 1 수로 변환
28  trainset = trainset / 255.0
29  testset = testset / 255.0
```

- 18~25번째 줄은 평가에 사용할 신호 이미지 데이터의 크기를 조정하여 평가 셋 리스트(trainset[ind])에 저장합니다. 28~29번째 줄은 훈련 데이터 셋(trainset)과 평가 데이터 셋(testset)의 데이터를 0과 1 사이의 숫자로 변환합니다.

```
In [8]:  1  # 이미지 신호별 데이터 파일 전체 개수 저장
         2  n_data1 = len(data1_files)
         3  n_data2 = len(data2_files)
         4  n_data3 = len(data3_files)
         5  n_data4 = len(data4_files)
         6  n_data5 = len(data5_files)
         7  n_data6 = len(data6_files)
         8
```

- 각각 신호별 이미지 데이터 파일 전체 개수를 n_data# 변수에 저장합니다. 각 신호별 이미지 개수가 각 250개씩이라고 가정하면 'n_data1 = 250, n_data2 = 250, n_data3 = 250, n_data4 = 250, n_data5 = 250, n_data6 = 250'의 값이 저장됩니다.

```
 9  # 이미지 신호별 레이블 값 정의
10  begin_ind = 0
11  end_ind = n_data1
12  label[begin_ind:end_ind, 0] = 1.0
13
14  begin_ind = n_data1
15  end_ind = n_data1 + n_data2
16  label[begin_ind:end_ind, 1] = 1.0
17
18  begin_ind = n_data1 + n_data2
19  end_ind = n_data1 + n_data2 + n_data3
20  label[begin_ind:end_ind, 2] = 1.0
21
22  begin_ind = n_data1 + n_data2 + n_data3
23  end_ind = n_data1 + n_data2 + n_data3 + n_data4
24  label[begin_ind:end_ind, 3] = 1.0
25
26  begin_ind = n_data1 + n_data2 + n_data3 + n_data4
27  end_ind = n_data1 + n_data2 + n_data3 + n_data4 + n_data5
28  label[begin_ind:end_ind, 4] = 1.0
29
30  begin_ind = n_data1 + n_data2 + n_data3 + n_data4 + n_data5
31  end_ind = n_data1 + n_data2 + n_data3 + n_data4 + n_data5 + n_data6
32  label[begin_ind:end_ind, 5] = 1.0
```

• 신호 이미지에 따라 어떻게 인식하게 할지 의미를 label 변수의 값에 저장합니다. 즉, 신호 이미지 데이터에 의미를 부여하기 위해 라벨을 만드는 과정입니다. 아래 표와 같이 분류할 이미지의 값(left, right, stop, others, forward, uturn)에 1을 입력하고 나머지는 0으로 입력합니다.

| label | left[0] | right[1] | stop[2] | others[3] | forward[4] | uturn[5] |
|---|---|---|---|---|---|---|
| label[0] | 1 | 0 | 0 | 0 | 0 | 0 |
| … | 1 | 0 | 0 | 0 | 0 | 0 |
| label[249] | 1 | 0 | 0 | 0 | 0 | 0 |
| label[250] | 0 | 1 | 0 | 0 | 0 | 0 |
| … | 0 | 1 | 0 | 0 | 0 | 0 |
| label[499] | 0 | 1 | 0 | 0 | 0 | 0 |
| label[500] | 0 | 0 | 1 | 0 | 0 | 0 |
| … | 0 | 0 | 1 | 0 | 0 | 0 |
| label[749] | 0 | 0 | 1 | 0 | 0 | 0 |

| | | | | | | |
|---|---|---|---|---|---|---|
| label[750] | 0 | 0 | 0 | 1 | 0 | 0 |
| ... | 0 | 0 | 0 | 1 | 0 | 0 |
| label[999] | 0 | 0 | 0 | 1 | 0 | 0 |
| label[1,000] | 0 | 0 | 0 | 0 | 1 | 0 |
| ... | 0 | 0 | 0 | 0 | 1 | 0 |
| abel[1,249] | 0 | 0 | 0 | 0 | 1 | 0 |
| label[1,250] | 0 | 0 | 0 | 0 | 0 | 1 |
| ... | 0 | 0 | 0 | 0 | 0 | 1 |
| label[1,499] | 0 | 0 | 0 | 0 | 0 | 1 |

• 각 이미지는 각 폴더에 나누어져 있는데 begin_ind와 end_ind로 이미지의 개수로 어디까지가 left, right, stop, others, forward, uturn인지 정해 줍니다. 이렇게 하여 신호 이미지 데이터별로 라벨 값을 정합니다. 예를 들면, 'left' 폴더에 저장되어 있는 신호 이미지 데이터 파일을 모두 불러와서 [1, 0, 0, 0, 0, 0]의 라벨을 붙이고, 'right' 폴더에 저장되어 있는 신호 이미지 데이터 파일 모두는 [0, 1, 0, 0, 0, 0]의 라벨을 붙이는 것입니다. 같은 방법으로 각 신호 이미지 데이터의 신호에 따라 라벨을 붙입니다. 컴퓨터는 'left', 'right' 같은 문자를 인식할 수는 없지만 [1, 0, 0, 0, 0, 0] 또는 [0, 1, 0, 0, 0, 0]의 라벨은 구별할 수 있습니다. 인공지능 모델 및 기계학습에는 라벨 값을 이용하게 됩니다.

• trainset와 label은 하나의 세트로 구성됩니다. 여기서는 각 신호의 사진 수가 250개라고 가정합니다. 기계학습을 위한 신호 이미지 데이터의 준비는 모두 완료되었습니다.

| trainset[0~249] | label[0~249] | | | | | | | trainset[250~499] | label[250~499] | | | | | | |
|---|---|---|---|---|---|---|---|---|---|---|---|---|---|---|---|
| | left | right | stop | others | forward | uturn | | | left | right | stop | others | forward | uturn | |
| | 1 | 0 | 0 | 0 | 0 | 0 | | | 0 | 1 | 0 | 0 | 0 | 0 | |

| trainset[500~749] | label[500~749] | | | | | | | trainset[1250~1499] | label[750~999] | | | | | | |
|---|---|---|---|---|---|---|---|---|---|---|---|---|---|---|---|
| | left | right | stop | others | forward | uturn | | | left | right | stop | others | forward | uturn | |
| | 0 | 0 | 1 | 0 | 0 | 0 | | | 0 | 0 | 0 | 1 | 0 | 0 | |

| trainset[500~749] | label[1000~1249] | | | | | | | trainset[1250~1499] | label[1250~1499] | | | | | | |
|---|---|---|---|---|---|---|---|---|---|---|---|---|---|---|---|
| | left | right | stop | others | forward | uturn | | | left | right | stop | others | forward | uturn | |
| ⬆ | 0 | 0 | 0 | 0 | 1 | 0 | | ↩ | 0 | 0 | 0 | 0 | 0 | 1 | |

```
In [*]:   1  # 메인함수
          2  def main():
          3
          4      # 모델 함수 호출
          5      model = custom_model(input_shape, n_classes)
          6
          7      # 인공지능 모델을 이용한 최적 데이터 학습 방법 설계
          8      adam=Adam()
          9      model.compile(
         10          optimizer=adam,
         11          loss='categorical_crossentropy',
         12          metrics=['accuracy'])
         13
```

• 최적 학습 방법을 정하고 기계학습을 진행합니다. 학습이 진행되는 동안에는 (*) 표시로 프로그램이 진행 중임을 나타냅니다. 5번째 줄에서 여러분이 만든 CNN 인공지능 모델 custom_model() 함수를 호출합니다. 8번째 줄의 Adam은 학습할 때 학습 방법쯤으로 생각하면 됩니다. 학습의 효율을 높여 주는 나만의 방법이랄까요. RMSProp, Adagrad 등 여러 방법이 있는데 일반적으로는 Adam을 많이 사용합니다. categorical_crossentropy는 학습한 결과 예측한 값이 실제 값과 얼마나 다른지를 측정하는 함수입니다. 이게 있어야 다음 학습 때는 이 값을 줄이려는 방향으로 학습하겠죠?

```
         14      # 인공지능 모델을 이용한 데이터 학습 실행
         15      history = model.fit(
         16          trainset, label,
         17          batch_size=20,
         18          epochs=8,
         19          validation_split=0.05)
         20
         21      # 인공지능 학습 후 모델 파일(model.json) 저장
         22      # 가중치 값 파일(weights.h5) 저장
         23      model_desc = model.to_json()
         24      with open('./model/model.json', 'w') as file_model:
         25          file_model.write(model_desc)
         26      model.save_weights('./model/weights.h5')
         27
```

- 15~19번째 줄은 실제 학습을 하는 부분입니다. 'epochs=8'은 전체 학습을 8번 반복하라는 것입니다. 이 값이 크면 정확도가 올라가지만 실제 너무 크게 잡으면 overfitting이 되기 쉽습니다. 'validation_split=0.05'는 총 1,500개의 데이터가 있다고 할 때 전체 학습 데이터 중 5%인 75개를 매 epoch마다 학습에 대한 확인을 위해 테스트할 값으로 지정해 둔다는 의미입니다.

- model.fit()에서 학습이 시작되면 다음과 같은 학습 진행 과정을 확인할 수 있습니다. loss 값은 categorical_crossentropy에 의해 계산된 값입니다. 이 값은 epoch마다 점점 작아져야 합니다. 이 값이 점점 커지거나 줄어들지 않으면 모델이 잘못된 것입니다. acc와 val_acc 값이 1에 가까울수록 모델이 잘 만들어졌고 학습이 잘되었다고 볼 수 있습니다.

```
Train on 1425 samples, validate on 75 samples
Epoch 1/8
1425/1425 [==============================] - 70s 49ms/step - loss: 0.1375 - acc: 0.9551 - val_loss: 8.7776e-04 - val_acc: 1.0000
Epoch 2/8
1425/1425 [==============================] - 65s 46ms/step - loss: 0.2030 - acc: 0.9607 - val_loss: 1.1921e-07 - val_acc: 1.0000
Epoch 3/8
1425/1425 [==============================] - 65s 46ms/step - loss: 0.1059 - acc: 0.9825 - val_loss: 1.3749e-07 - val_acc: 1.0000
Epoch 4/8
1425/1425 [==============================] - 65s 46ms/step - loss: 0.0280 - acc: 0.9923 - val_loss: 1.1921e-07 - val_acc: 1.0000
Epoch 5/8
```

- 학습이 완료되면 학습된 모델 파일(model.json)과 가중치 값 파일(weights.h5)이 생성되어 'model' 폴더에 저장됩니다.

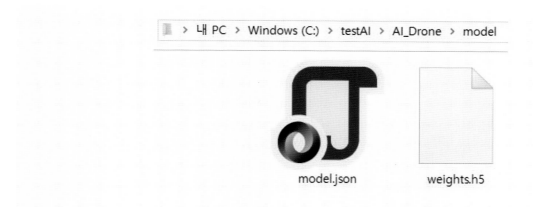

> 내 PC > Windows (C:) > testAI > AI_Drone > model

model.json          weights.h5

```
28    # 평가데이터를 이용한 예측 정확도 확인
29    if testset.shape[0] != 0:
30        result_onehot = model.predict(testset)
31        result_predict = np.argmax(result_onehot, axis=1)
32    else:
33        result_sparse = list()
34
```

- 학습이 끝난 뒤 test 폴더에 들어 있는 평가 신호 이미지 파일을 읽어 들여 model.predict(testset)를 통해 left, right, stop, others, forward, uturn의 확률 값을 계산해서 result_onehot 변수에 넣어 주고 np.argmax(result_onehot, axis=1)를 통해서 확률이 가장 큰 값이 들어 있는 위치를 result_predict 변수에 반환하여 결과값을 출력합니다.
- 30번째 줄은 테스트 셋(testset) 데이터를 불러와 예측을 한 후 결과를 변수 'result_onehot'에 저장합니다.

| result_onehot = model.predict(testset) | | | | | | |
|---|---|---|---|---|---|---|
| result_onehot | 9.75 | 4.89 | 9.99 | 1.22 | 2.87 | 3.86 |

- 31번째 줄은 result_onehot 중에 가장 큰 값을 찾아 변수 result_predict에 저장합니다.

| result_predict = np.argmax(result_onehot, axis=1) | | | | | | |
|---|---|---|---|---|---|---|
| result_predict | 0 | 1 | 2 | 3 | 4 | 5 |
| result_onehot | 9.75 | 4.89 | 9.99 | 1.22 | 2.87 | 3.86 |

```
35    print('File name\t forecast category')
36
37    # 평가 데이터 파일명에 따른 예측 결과 값 출력
38    for file, label_id in zip(test_files, result_predict):
39
40        filename = os.path.basename(file)
41
42        if label_id == 0:
43            label_name = 'left'
44        elif label_id == 1:
45            label_name = 'right'
46        elif label_id == 2:
47            label_name = 'stop'
48        elif label_id == 3:
49            label_name = 'others'
50        elif label_id == 4:
51            label_name = 'forward'
52        elif label_id == 5:
53            label_name = 'uturn'
54
55        print('%s\t%s' % (filename, label_name))
```

• 38~53번째 줄은 result_predict의 값을 label_id로 보내서 label_id에 해당하는 문자 값을 변수 label_name에 저장합니다.

| result_predict | 0 | 1 | 2 | 3 | 4 | 5 |
|---|---|---|---|---|---|---|
| label_id | 0 | 1 | 2 | 3 | 4 | 5 |
| label_name | left | right | stop | others | forward | uturn |

• 55번째 줄은 평가 데이터 셋에서 불러온 파일 이름과 인공지능 모델 학습을 통해 예측한 값을 함께 출력해 줍니다. '%s'는 문자열 출력, '\t'는 문자열 사이에 탭 간격을 줄 때 사용합니다. 즉 테스트 파일의 이름 filename, 결과 예측(result_predict) 값에 따른 label_name을 출력하되, 두 파일 이름 사이에 탭 간격을 주도록 하는 소스코드입니다.

```
File name          forecast category
forward(1).jpg  forward
forward(10).jpg forward
forward(2).jpg  forward
forward(3).jpg  forward
forward(4).jpg  forward
forward(5).jpg  forward
forward(6).jpg  forward
forward(7).jpg  forward
forward(8).jpg  forward
forward(9).jpg  forward
left(1).jpg        left
left(10).jpg       left
```

```
56
57    model.summary()
58
59    # 모델 학습 진행 결과 출력
60
61    acc = history.history['acc']
62    val_acc = history.history['val_acc']
63    loss = history.history['loss']
64    val_loss = history.history['val_loss']
65
66    epochs = range(len(acc))
67
68    plt.plot(epochs, acc, 'bo', label='Training acc')
69    plt.plot(epochs, val_acc, 'b', label='Validation acc')
70    plt.title('Training and validation accuracy')
71    plt.legend()
72
73    plt.figure()
74
75    plt.plot(epochs, loss, 'bo', label='Training loss')
76    plt.plot(epochs, val_loss, 'b', label='Validation loss')
77    plt.title('Training and validation loss')
78    plt.legend()
79
80    plt.show()
```

- 모델 결과를 요약하여 출력하고 모델 학습 진행 과정을 matplot 라이브러리를 이용하여 그래프로 출력해 줍니다.

```
81
82  if __name__ == '__main__':
83      main()
```

```
Train on 1494 samples, validate on 79 samples
Epoch 1/8
1494/1494 [==============================] - 93s 62ms/step - loss: 0.2276 - acc
Epoch 2/8
1494/1494 [==============================] - 87s 58ms/step - loss: 0.0772 - acc
Epoch 3/8
1494/1494 [==============================] - 86s 58ms/step - loss: 0.0622 - acc
Epoch 4/8
1280/1494 [=========================>.....] - ETA: 11s - loss: 0.0207 - acc: 0.9!
```

- main() 함수를 불러와 프로그램을 시작합니다. 프로그램이 시작되면 학습 진행 과정을 확인할 수 있습니다. loss(손실률)와 acc(정확도)를 확인합니다. 손실률은 점점 줄어들고 정확도가 높아지면 학습이 잘되고 있다고 생각할 수 있습니다.

- model.summary() 부분으로 인공지능 모델 전체에 대해 요약하여 출력됩니다.

| Layer (type) | Output Shape | Param # | Connected to |
|---|---|---|---|
| input_1 (InputLayer) | (None, 48, 48, 3) | 0 | |
| batch_normalization_1 (BatchNor | (None, 48, 48, 3) | 12 | input_1[0][0] |
| conv2d_1 (Conv2D) | (None, 48, 48, 32) | 896 | batch_normalization_1[0][0] |
| batch_normalization_2 (BatchNor | (None, 48, 48, 32) | 128 | conv2d_1[0][0] |
| conv2d_2 (Conv2D) | (None, 48, 48, 32) | 9248 | batch_normalization_2[0][0] |
| add_1 (Add) | (None, 48, 48, 32) | 0 | conv2d_2[0][0]<br>batch_normalization_2[0][0] |

- plt.show() 부분으로 그래프에서 정확도와 손실률을 그래프로 확인할 수 있습니다.

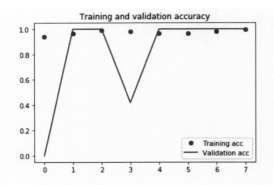

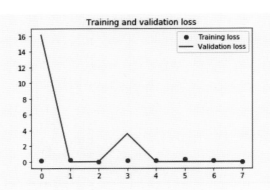

# 인공지능 모델 이해하기

기계학습(Machine learning)[5]은 컴퓨터 시스템이 명확한 안내를 사용하지 않거나 정해진 패턴이나 추론에 의존하지 않고 특정한 과제를 수행할 수 있는 데 사용되는 알고리즘과 통계 모델에 대한 과학적 연구라고 합니다. 인공지능의 일부로 간주됩니다. 알고리즘의 유형은 지도 학습(Supervised learning), 비지도 학습(Unsupervised learning), 강화 학습(Reinforcement learning), 자기 학습(Self learning) 등 다양하고 모델은 인공 신경망(Artificial neural networks), 결정 트리(Decision trees), 서포트 벡터 머신(Support vector machines) 등 다양하다고 합니다.

우리 책에서는 기계학습에 대한 이론을 자세히 소개하기보다는 여러분이 프로젝트 개발 활동을 통해 개략적으로 이해할 수 있기를 바랍니다. 인공지능 자동차 만들기 프로젝트에서는 딥러닝[6] 알고리즘 중 CNN(Convolutional Neural Network)[7] 알고리즘을 이용하여 신호를 학습하는 모델을 만들고 앞에서 수집한 신호 이미지 데이터 이용하여 좌, 우, 정지, 앞으로, 유턴 등에 해당하는 신호를 학습하는 인공지능 모델을 만드는 프로그램을 작성합니다. 우리가 만든 딥러닝 모델은 CNN + DNN(Deep Neural Networks)[8]의 구조를 가지는 모델이고 소스코드를 그림으로 표현하면 다음과 같습니다.

---

5) https://en.wikipedia.org/wiki/Machine_learning
6) https://en.wikipedia.org/wiki/Deep_learningDeep learning (also known as deep structured learning or hierarchical learning) is part of a broader family of machine learning methods based on artificial neural networks.
7) https://en.wikipedia.org/wiki/Convolutional_neural_networkIn deep learning, a convolutional neural network (CNN, or ConvNet) is a class of deep neural networks, most commonly applied to analyzing visual imagery.
8) https://en.wikipedia.org/wiki/Deep_learning#Deep_neural_networksA deep neural network (DNN) is an artificial neural network (ANN) with multiple layers between the input and output layers.

```
In [7]:   1  # CNN 모델을 만드는 함수
          2  def conv_block(x, filters):
          3      x = BatchNormalization() (x)
          4      x = Conv2D(filters, (3, 3), activation='relu', padding='same') (x)
          5
          6      x = BatchNormalization() (x)
          7      shortcut = x
          8      x = Conv2D(filters, (3, 3), activation='relu', padding='same') (x)
          9      x = Add() ([x, shortcut])
         10      x = MaxPool2D((2, 2), strides=(2, 2)) (x)
         11
         12      return x
         13
```

conv_block 함수의 내용을 그림으로 대략적으로 표시하면 다음과 같습니다. input x는 각각을 통과하면서 모양이 바뀝니다.

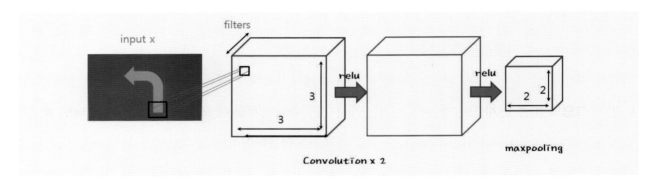

```
         14  def custom_model(input_shape, n_classes):
         15
         16      input_tensor = Input(shape=input_shape)
         17
         18      x = conv_block(input_tensor, 32)
         19      x = conv_block(x, 64)
         20      x = conv_block(x, 128)
         21      x = conv_block(x, 256)
         22      x = conv_block(x, 512)
         23
         24      x = Flatten() (x)
         25      x = BatchNormalization() (x)
         26      x = Dense(512, activation='relu') (x)
         27      x = Dense(512, activation='relu') (x)
         28
         29      output_layer = Dense(n_classes, activation='softmax') (x)
         30
         31      inputs = [input_tensor]
         32      model = Model(inputs, output_layer)
         33
         34      return model
```

• custom_model 함수 전체를 conv_block 함수와 연계하여 그림으로 대략적으로 표현하면 아래와 같습니다.

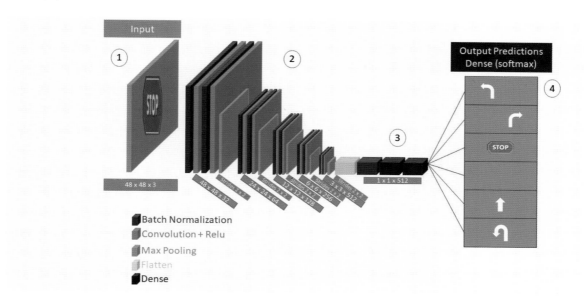

먼저 **그림의 ①번 단계**를 살펴봅시다. 인공지능 자동차에 부착되어 있는 스마트 폰 카메라로 촬영한 이미지를 전처리하여 48 × 48 크기의 이미지로 변환합니다. 색상은 변경하지 않습니다. 이것을 입력 형태로 생각하면 (48, 48, 3)이 됩니다. 색상은 Red, Green, Blue 이 세 가지 색상 값으로 컬러를 표현합니다.

**단계 ②**에서는 원본 이미지를 그림과 같이 3 × 3 크기의 필터 32장에 통과시킵니다. 통과한다는 말은 48 × 48 크기의 이미지를 3 × 3 크기로 이동하면서 행렬 곱 연산을 한다는 의미입니다. ①번 단계에서는 원본이미지를 32개의 필터와 행렬 곱 연산을 합니다.

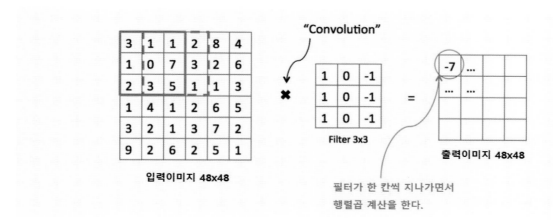

그리고 두 번째로 2 × 2 크기로 maxpooling 합니다. maxpooling하면 아래 그림과 같은 결과가 됩니다. max라는 말은 그 영역 안에서 가장 큰 수를 택한다는 의미입니다. 그림에서 2 × 2 영역 중에서 가장 큰 값을 그 4개의 셀의 대푯값으로 정해집니다. 그리고 stride 2, 즉 아래, 위 방향에 대하여 두 칸씩 건너뛰므로 48 × 48짜리 그림을 2 × 2, stride 2로 maxpooling 하면 24 × 24 크기로 변환됩니다.

비슷한 작업을 반복합니다. 필터의 크기와, maxpooling size는 모든 단계에서 변함없습니다. 필터의 개수가 64개이고 이러한 필터 두 개를 통과하고 maxpooling합니다. 똑같은 방식으로 128개의 필터를 두 번 통과하고 maxpooling하며, 256개의 필터를 두 번 통과하고 maxpooling합니다. 그리고 512개의 필터를 두 번 통과하고 maxpooling해 줍니다.

**단계 ③**에서 Flatten() 함수는 이미지의 특징을 추출한 값을, 이미지는 2차원이므로 이것을 1차원 형태로 변경하는 함수이며 컨볼루션(Convolution) 레이어, 맥스풀링(Max Pooling) 레이어를 반복하면서 이미지의 특징을 추출한 후에 Fully connected layer에 연결하기 위해 사용됩니다.

그리고 **단계 ④**에서는 이미지의 특징을 추출한 값을 이미지를 분류하기 위해 마지막은 relu가 아닌 softmax 함수를 사용합니다. 이 softmax 함수가 입력된 이미지가 left, right, stop, others, forward, uturn 중 어느 것과 비슷할 확률이 가장 높은지를 계산하여 그 중 가장 높은 값을 출력해 줍니다.

어려운 개념입니다. 인터넷에서 CNN 또는 DNN으로 검색하면 엄청난 자료가 있습니다. 유튜브에도 좋은 강의들이 많이 있습니다. 참고하면 도움이 될 거라 생각합니다. 이론적으로 이해하려고 하지 말고 모델을 찾아 이용해 보는 쪽으로 하시면 훨씬 재미있게 학습할 수 있을 것입니다.

여기서 사용한 모델은 싱가포르 ITE College West에 근무하는 William Tan 선생님께서 만드신 것을 그대로 옮겨 온 것입니다. 인공지능 모델은 다양한 형태로 만들고 변경할 수 있습니다. 모델의 각 layer나 필터 크기, layer의 배치 순서 등을 바꿔 보면서 기계학습 결과가 어떻게 달라지는지를 확인해 본다면 조금 더 이해할 수 있을 겁니다.

# 인공지능 자동차 자율 주행 테스트

여러분은 Chapter 8에서 기계가 신호를 인식하도록 훈련을 시키고 그 결과를 담은 두 개의 파일 'model.json'과 'weights.h5' 파일을 확보하였습니다. 이 두 개의 파일은 마치 사람이 운전 면허증을 취득한 것과 같이 기계가 교통신호를 잘 인식하게 도와줄 것입니다. 인공지능과 같은 역할을 할 수 있습니다.

이제 인공지능 자동차를 주행시켜서 주행 중에 교통 신호를 만나면 학습된 인공지능 모델 파일을 불러와 예측한 후 스스로 교통신호를 잘 지켜 가면서 주행하는지를 테스트합니다.

인공지능 자동차에 부착된 스마트 폰 카메라를 통해 데이터를 불러오고 인공지능 모델 파일에서 데이터에 따라 예측하여 결과 명령을 다시 인공지능 자동차에 보냅니다. 이러한 과정을 이해하기 위해 먼저 자동차가 검정색 라인을 따라 주행하는 테스트를 먼저 해 보고, 이후에 신호를 놓아 신호를 인식하는지를 테스트해 보도록 합니다.

**Step 1** 라인 따라 주행하기

아래 이미지에서와 같이 자동차가 검정색 라인을 따라 주행하도록 프로그래밍합니다.

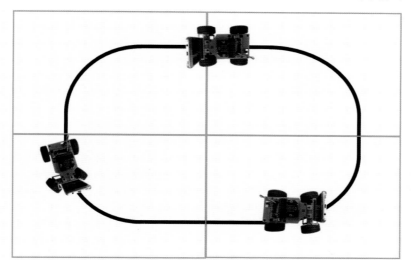

운전자가 도로에서 운전을 할 때 차선을 지켜 가며 운전을 하는 것을 생각해 봅니다. 비슷한 상황으로 인공지능 자동차가 검정색 라인을 따라서만 주행하도록 해 봅니다. 인공지능 자동차가 스마트 폰 카메라를 통해 검정색 라인이 있는 곳을 찾도록 프로그래밍하는 게 중요합니다. 여러분은 주피터 노트북을 이용하여 프로그램(AI_Car_Line_Tracing.ipynb)을 완성하게 됩니다. 스마트 폰 카메라를 통해 받은 이미지 정보를 여러분이 작성한 파이썬 프로그램에서 검정색 라인이 어디에 있는지 찾아 자동차의 주행 방향을 결정하여 USB 포트에 연결되어 있는 마이크로비트에 시리얼 통신으로 전달합니다. USB 포트에 연결되어 있는 마이크로비트가 명령을 받아 무선 통신으로 자동차에 연결되어 있는 마이크로비트로 명령을 전달하도록 프로그래밍(AI_Car_Line_Tracing_Serial2Radio.hex)합니다. 자동차에 연결되어 있는 마이크로비트는 전달받은 명령대로 자동차를 움직이도록 프로그래밍(AI_Car_Line_Tracing_Body.hex) 합니다.

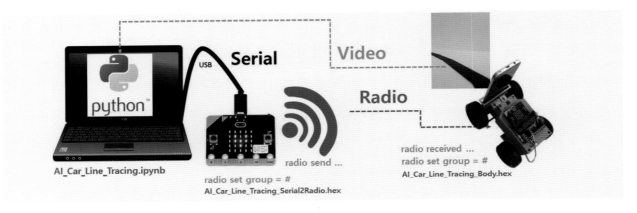

검정색 라인(차선)을 따라 주행하도록 하는 3개의 프로그램을 여러분이 직접 개발하도록 합니다. 파이썬 프로그램은 주피터 노트북을 이용하고, 마이크로비트 프로그램은 마이크로비트 웹 사이트를 이용합니다.

### 1. 컴퓨터에서 명령을 보내는 파이썬 프로그램 〈 AI_Car_Line_Tracing.ipynb 〉

```
In [1]:   1  import time
          2  import serial
          3
          4  import cv2
          5  import imutils
          6
          7  import numpy as np
```

```
In [2]:  1  def SerialSendCommand(ser, cmd):
         2
         3      cmd = str(cmd)
         4      cmd = cmd + '\n'
         5      cmd = str.encode(cmd)
         6      ser.write(cmd)
         7      print(cmd)
```

```
In [3]:  1  def LineTracing(frame, ser, tic, cropFrame, width, height, y1):
         2
         3      gray = cv2.cvtColor(cropFrame, cv2.COLOR_BGR2GRAY)
         4      blur = cv2.GaussianBlur(gray, (5,5), 0)
         5      ret, thresh = cv2.threshold(blur, 100, 255, cv2.THRESH_BINARY_INV)
         6
         7      cnts = cv2.findContours(thresh.copy(), cv2.RETR_EXTERNAL,
         8                              cv2.CHAIN_APPROX_SIMPLE)[-2]
```

• LineTracing() 함수는 스마트 폰 카메라에서 보이는 이미지 중 검정색 라인이 어디에 있는지를 계산합니다. 메인 함수에서 전체 비디오 화면과 검정색 부분만을 잘라 낸 비디오를 모두 받습니다. 3~7번째 줄은 검정색 부분을 더욱 또렷하게 하기 위한 작업을 하여 그 값을 변수 cnts에 저장합니다.

```
 9      if len(cnts) > 0:
10
11          c = max(cnts, key=cv2.contourArea)
12          M = cv2.moments(c)
13
14          if M['m00'] == 0:
15              pass
16
17          else:
18              cx = int(M['m10'] / M['m00'])
19              cy = int(M['m01'] / M['m00'])
20
21              cv2.line(frame,(cx,0), (cx, int(height)), (255, 0 , 0), 1)
22              cv2.line(frame,(0,cy + y1), (int(width), cy + y1), (255, 0, 0), 1)
23              cv2.drawContours(frame, cnts, -1, (0, 0 , 255),
24                              1, offset = (0,y1))
25
26              turn = cx / width*100
27              turn = turn - 50
28              turn = turn * 1.5
29              turn = turn + 90
30              turn = int(turn)
31
32              if turn < 20:
33                  turn = 20
34                  SerialSendCommand(ser, turn)
35                  tic = time.time()
36
37              elif turn > 160:
38                  turn = 160
39                  SerialSendCommand(ser, turn)
40                  tic = time.time()
41
42              else:
43                  SerialSendCommand(ser, turn)
44                  tic = time.time()
45
```

- 18~24번째 줄은 자동차가 검정색 라인을 따라가도록 방향 값을 찾는 부분입니다. 여러분이 사용하는 자동차는 주행 방향 조정을 위해 180도 Servo 모터를 사용하고 있습니다. 26~30번째 줄은 최대 방향 각도를 20도에서 160도로 한정하도록 계산하는 부분입니다. 32~44번째 줄은 구해진 방향 값을 시리얼 통신을 통해 컴퓨터 USB 포트에 연결되어 있는 마이크로비트로 명령을 보냅니다.

```
46        else:
47
48            if time.time() - tic > 3:
49                turn = 0
50                SerialSendCommand(ser, turn)
51                print("I don't see the line")
52                tic = time.time()
53
54        return tic
```

```
In [4]:   1  def Main():
          2
          3      Ser_Cmd_Str = ''
          4      tic = time.time()
          5
          6      ser = serial.Serial('COM47', 115200, timeout=0,
          7                          parity=serial.PARITY_NONE, rtscts=0)
          8
          9      rotation = 180
         10
         11      print('Press q to quit')
         12
```

- 메인 함수 부분입니다. COM 포트 수정해야 합니다.

```
13      while(True):
14
15          video_capture = cv2.VideoCapture('https://172.30.2.99:8080/video')
16
17          grabbed, frame = video_capture.read()
18
19          width = video_capture.get(cv2.CAP_PROP_FRAME_WIDTH )
20          height = video_capture.get(cv2.CAP_PROP_FRAME_HEIGHT )
21
22          frame = imutils.rotate_bound(frame, rotation)
23
24          y1 = int(height - int(height*.2))
25          y2 = int(height - int(height*.0))
26          x1 = 0
27          x2 = int(width)
28          cropFrame = frame[y1:y2, x1:x2]
29
30          tic  = LineTracing(frame, ser, tic, cropFrame, width, height, y1)
31
32          cv2.imshow('Brain AI Car',frame)
33
```

- 15~17번째 줄은 스마트 폰 카메라에서 비디오를 불러옵니다. 19~20번째 줄은 비디오 가로 세로의 크기를 변수 width와 height에 저장합니다. 24~28번째 줄은 전체 비디오에서 아래쪽 20%만 따로 읽어 오도록 cropFrame 변수에 저장합니다. 30번째 줄에서 LineTracing 함수를 호출하여 검정색 라인 부분을 찾도록 하고 tic 값을 리턴받습니다. 32번째 줄은 스마트 폰 카메라에 입력되는 비디오 화면을 그대로 크롬 브라우저에 보여 줍니다.

```
34          if cv2.waitKey(1) & 0xFF == ord('q'):
35              break
36
37      time.sleep(.5)
38      Ser_Cmd_Str = '0'
39      SerialSendCommand(ser,  Ser_Cmd_Str)
40
41      ser.close()
42
43      video_capture.release()
44      cv2.destroyAllWindows()
```

```
In [5]:  1  if __name__ == '__main__':
         2      Main()
```

## 2. 컴퓨터 USB포트에 연결된 마이크로비트 소스코드

〈 AI_Car_Line_Tracing_Serial2Radio.hex 〉

## 3. 자동차에 연결되어 있는 마이크로비트 소스코드 〈 AI_Car_Line_Tracing_Body.hex 〉

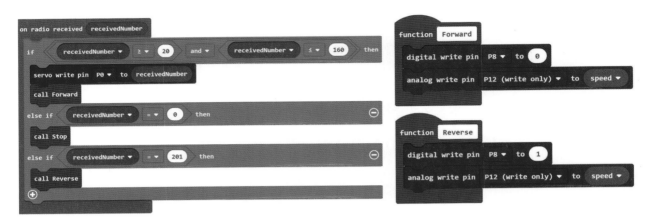

**Step 2** **신호 인식 자율 주행 테스트**

이제 여러분 프로젝트의 최종 단계입니다. 차선을 따라 운행하던 인공지능 자동차가 횡단보도를 만나고 신호를 만나면 사람이 운전하는 것과 같이 횡단보도 앞에서 멈추고 교통 신호에 따라 주행하는지를 테스트합니다. 차선과 횡단보도 교통신호를 인식하고 명령을 내리는 프로그램(AI_Car_Self-Driving. ipynb)을 주피터 노트북을 이용하여 작성합니다. 명령을 받아 전달하는 프로그램(AI_Car_Serial2Radio. hex)과 명령을 수행하는 프로그램(AI_Car_Body.hex)은 크롬 브라우저를 열어 마이크로비트 웹 사이트로 이동하여 작성합니다.

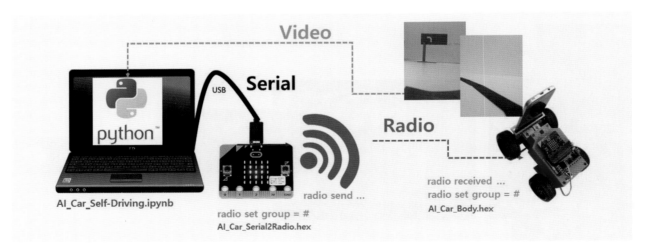

## 1. 컴퓨터에서 명령을 보내는 파이썬 프로그램 〈 AI_Car_Self-Driving.ipynb 〉

```
In [1]:    1  import time
           2  import serial
           3
           4  import cv2
           5  import imutils
           6
           7  import numpy as np
           8
           9  from keras.models import model_from_json
          10  from imutils.perspective import four_point_transform
```

```
In [2]:    1  def SerialSendCommand(ser, cmd):
           2
           3      cmd = str(cmd)
           4      cmd  = cmd + '\n'
           5      cmd = str.encode(cmd)
           6      ser.write(cmd)
```

```
In [3]:    1  def SerialReceiveResponse(ser):
           2
           3      line = ser.readline()
           4      line = str(line)
           5      line = ''.join([i for i in line if i.isdigit()])
           6
           7      if line:
           8
           9          if line == "999":
          10
          11              response = 999
          12
          13          else:
          14
          15              response = 0
          16
          17      else:
          18
          19          response = -1
          20
          21      return response
```

- SerialReceiveResponse() 함수는 자동차에 연결되어 있는 마이크로비트에서 무선 통신으로 보내온 신호를 컴퓨터 USB 포트에 연결되어 있는 마이크로비트로부터 읽어 옵니다.

```
In [4]:    1  def SerialCommandNResponse(ser, cmd, tic, timeout):
           2
           3      ret = -1
           4
           5      if (time.time() - tic) > timeout:
           6
           7          SerialSendCommand(ser, cmd)
           8          tic = time.time()
           9
          10      response = SerialReceiveResponse(ser)
          11
          12      if response == 0:
          13
          14          ret = 0
          15
          16      elif response == 999:
          17
          18          ret = 999
          19
          20      return ret, tic
```

- 시리얼 통신으로 명령을 보내는 부분입니다. SerialReceiveResponse() 함수로부터 response 값을 리턴
  받아 변수 ret에 저장하여 리턴합니다.

```
In [5]:    1  def LineTracing(frame, ser, tic, cropFrame, width, height, y1):
           2
           3      gray = cv2.cvtColor(cropFrame, cv2.COLOR_BGR2GRAY)
           4      blur = cv2.GaussianBlur(gray, (5,5), 0)
           5      ret, thresh = cv2.threshold(blur, 100, 255, cv2.THRESH_BINARY_INV)
           6
           7      cnts = cv2.findContours(thresh.copy(), cv2.RETR_EXTERNAL,
           8                              cv2.CHAIN_APPROX_SIMPLE)[-2]
           9
          10      if len(cnts) > 0:
          11
          12          c = max(cnts, key=cv2.contourArea)
          13          M = cv2.moments(c)
          14
          15          if M['m00'] == 0:
          16              pass
          17
```

- 차선(검정색 라인)을 찾는 부분입니다.

```
18              else:
19                  cx = int(M['m10'] / M['m00'])
20                  cy = int(M['m01'] / M['m00'])
21
22                  cv2.line(frame,(cx,0), (cx, int(height)), (255, 0 , 0), 1)
23                  cv2.line(frame,(0,cy + y1), (int(width), cy + y1), (255, 0, 0), 1)
24                  cv2.drawContours(frame, cnts, -1, (0, 0 , 255), 1, offset = (0,y1))
25
26                  turn = cx / width*100
27                  turn = turn - 50
28                  turn = turn * 1.5
29                  turn = turn + 90
30                  turn = int(turn)
31
32                  if turn < 20:
33                      turn = 20
34                      SerialSendCommand(ser, turn)
35                      tic = time.time()
36
37                  elif turn > 160:
38                      turn = 160
39                      SerialSendCommand(ser, turn)
40                      tic = time.time()
41
42                  else:
43                      SerialSendCommand(ser, turn)
44                      tic = time.time()
45
46      else:
47
48          if time.time() - tic > 3:
49              turn = 0
50              SerialSendCommand(ser, turn)
51              print("I don't see the line")
52              tic = time.time()
53
54      return tic
```

In [6]:
```
1  def RedDetection(cropFrame, frame, y1):
2
3      ret = 0
4
5      frameArea = frame.shape[0] * frame.shape[1]
6
7      lower_hsv = np.array([0, 100,100])
8      upper_hsv = np.array([10, 255,255])
9
10     hsv = cv2.cvtColor(cropFrame, cv2.COLOR_BGR2HSV)
11     mask = cv2.inRange(hsv, lower_hsv, upper_hsv)
12
13     kernel = np.ones((5,5),np.uint8)
14     mask = cv2.morphologyEx(mask, cv2.MORPH_OPEN, kernel)
15     mask = cv2.morphologyEx(mask, cv2.MORPH_CLOSE, kernel)
16
17     cnts = cv2.findContours(mask.copy(), cv2.RETR_EXTERNAL,
18                     cv2.CHAIN_APPROX_SIMPLE)[-2]
19
20     largestArea = 0
21     largestRect = None
22
```

PART 6 | 인공지능 자동차(AI Car) 만들기  245

- 차선(검정색 라인)을 찾는 것과 같은 방법으로 횡단보도(빨간색 부분)를 찾는 함수입니다.

```python
23         if len(cnts) > 0:
24
25             for cnt in cnts:
26
27                 rect = cv2.minAreaRect(cnt)
28                 box = cv2.boxPoints(rect)
29                 box = np.int0(box)
30
31                 sideOne = np.linalg.norm(box[0]-box[1])
32                 sideTwo = np.linalg.norm(box[0]-box[3])
33
34                 area = sideOne * sideTwo
35
36                 if area > largestArea:
37                     largestArea = area
38                     largestRect = box
39
40         if largestArea > frameArea * 0.01:
41             for i in range(0, 4):
42                 largestRect[i] += [0, y1]
43             cv2.drawContours(frame, [largestRect], 0, (0,0,255) ,2)
44             ret = 1
45
46     return ret, frame
```

```python
In [7]:  1  def FindTrafficSign(grabbed, frame):
         2
         3      lower_hsv = np.array([85,100,70])
         4      upper_hsv = np.array([115,255,255])
         5
         6      if not grabbed:
         7          return
         8
         9      frameArea = frame.shape[0] * frame.shape[1]
        10
        11      hsv = cv2.cvtColor(frame, cv2.COLOR_BGR2HSV)
        12      mask = cv2.inRange(hsv, lower_hsv, upper_hsv)
        13
        14      kernel = np.ones((5,5),np.uint8)
        15      mask = cv2.morphologyEx(mask, cv2.MORPH_OPEN, kernel)
        16      mask = cv2.morphologyEx(mask, cv2.MORPH_CLOSE, kernel)
        17
        18      largestArea = 0
        19      largestRect = None
        20
        21      cnts = cv2.findContours(mask.copy(), cv2.RETR_EXTERNAL,
        22                          cv2.CHAIN_APPROX_SIMPLE)[-2]
        23
```

• 차선(검정색 라인)과 횡단보도(빨간색 부분)를 찾는 것과 같은 방식으로 교통 신호(파란색 바탕)를 찾는 부분입니다. 방식은 모두 같고 색깔만 달라졌습니다. 함께 비교해 보면 이해가 더 잘되리라 생각합니다.

```
24    if len(cnts) > 0:
25
26        for cnt in cnts:
27
28            rect = cv2.minAreaRect(cnt)
29            box = cv2.boxPoints(rect)
30            box = np.int0(box)
31
32            sideOne = np.linalg.norm(box[0]-box[1])
33            sideTwo = np.linalg.norm(box[0]-box[3])
34            area = sideOne * sideTwo
35
36            if area > largestArea:
37
38                largestArea = area
39                largestRect = box
40
41    if largestArea > frameArea*0.02:
42
43        cv2.drawContours(frame, [largestRect], 0, (0,0,255), 2)
44
45    cropped = None
46
47    if largestRect is not None:
48
49        cropped = four_point_transform(frame, [largestRect][0])
50
51    return frame, cropped, largestRect
```

```
In [8]:    1   def ReadTrafficSign(cropped, model):
           2
           3       ret = -1
           4
           5       if cropped is None:
           6           return ret
           7
           8       input_width = 48
           9       input_height = 48
          10
          11       resized_image = cv2.resize(
          12           cropped,
          13           (input_width, input_height),
          14       ).astype(np.float32)
          15
          16       normalized_image = resized_image / 255.0
          17
          18       batch = normalized_image.reshape(1, input_height, input_width, 3)
          19       result_onehot = model.predict(batch)
          20
          21       left_score, right_score, stop_score, others_score, \
          22       forward_score, uturn_score = result_onehot[0]
          23
          24       class_id = np.argmax(result_onehot, axis=1)[0]
          25
          26       if class_id == 0:
          27           detectedSign = 'Left'
          28           score = left_score
          29           ret = 1
          30
          31       elif class_id == 1:
          32           detectedSign = 'Right'
          33           score = right_score
          34           ret = 1
          35
          36       elif class_id == 2:
          37           detectedSign = 'Stop'
          38           score = stop_score
          39           ret = 1
          40
          41       elif class_id == 3:
          42           detectedSign = 'Other'
          43           score = others_score
          44           ret = 1
          45
          46       elif class_id == 4:
          47           detectedSign = 'Forward'
          48           score = forward_score
          49           ret = 1
          50
          51       elif class_id == 5:
          52           detectedSign = 'Uturn'
          53           score = uturn_score
          54           ret = 1
          55
          56       return ret, detectedSign, score
```

- 교통 신호의 의미를 읽어 내는 함수입니다. 8~16번째 줄은 읽어 들인 교통신호 이미지를 48 x 48 크기로 줄이고 0과 1사이의 값으로 정규화합니다. 18~19번째 줄은 model.predict를 통해 읽어 들인 교통신호가 어떤 신호에 가까운지 확률을 예측하여 result_onehot 변수에 저장합니다. 21~22번째 줄은 예측 값을 각각의 변수에 저장합니다. 24번에는 result_onehot 값 중에 가장 큰 값을 찾아 class_id에 저장합니다. 26~56번째 줄은 class_id 값에 따라 detectedSign, score, ret 변수에 해당 값을 저장하여 함수 호출한 부분으로 리턴합니다.

```
In [9]:    1  def Maneuver(ser, turn, turnTime, tic):
           2
           3      ret = -1
           4
           5      SerialSendCommand(ser, turn)
           6
           7      if time.time() - tic > turnTime:
           8
           9          ret = 1
          10
          11      return ret
```

- 시리얼 통신으로 명령을 보내는 부분입니다. 명령을 보낸 후 turnTime이 지나면 변수 ret에 1을 저장하여 리턴합니다.

```
In [10]:   1  def Main():
           2
           3      MODE_LINE_TRACING = 0
           4      MODE_STOP = 1
           5      MODE_INFERENCE = 2
           6      MODE_MANEUVER = 3
           7      MODE_END = 999
           8
           9      mode_status = MODE_LINE_TRACING
          10
          11      tic = time.time()
          12      rotation = 180
          13
          14      ser = serial.Serial('COM47', 115200, timeout=0,
          15                      parity=serial.PARITY_NONE, rtscts=0)
          16
```

- 메인 함수로 mode_status를 이용하여 인공지능 자동차가 자율 주행하게 하는 부분입니다. 3~9번째 줄은 각각의 MODE에 대한 변수를 만들어 초기 값을 저장하고, mode_status의 최초 값은 MODE_

LINE_TRACING으로 차선을 따라 주행하도록 합니다.

– 차선(검정색 라인)을 따라 주행: MODE_LINE_TRACING

– 횡단보도에서 자동차 멈춤(횡단보도, 빨간색 부분): MODE_STOP

– 교통 신호 추론: MODE_INFERENCE

– 교통 신호에 따라 주행: MODE_MANEUVER

– 정지 신호에 따라 멈춤: MODE_END

```
17    with open('./model/model.json', 'r') as file_model:
18
19        model_desc = file_model.read()
20        model = model_from_json(model_desc)
21
22    model.load_weights('./model/weights.h5')
23
24    print("Press 'q' to quit")
25    print('Beginning Line Tracing')
26
27    while(True):
28
29        video_capture = cv2.VideoCapture('https://172.30.2.99:8080/video')
30
31        grabbed, frame = video_capture.read()
32
33        width = video_capture.get(cv2.CAP_PROP_FRAME_WIDTH )
34        height = video_capture.get(cv2.CAP_PROP_FRAME_HEIGHT )
35
36        frame = imutils.rotate_bound(frame, rotation)
37
38        if mode_status == MODE_LINE_TRACING:
39
40            y1 = int(height - int(height * .2))
41            y2 = int(height - int(height * .0))
42            x1 = 0
43            x2 = int(width)
44            cropFrame = frame[y1:y2, x1:x2]
45
46            ret, frame = RedDetection(cropFrame, frame, y1)
47
48            if ret == 1:
49
50                mode_status = MODE_STOP
51
52            else:
53
54                tic = LineTracing(frame, ser, tic, cropFrame, width, height, y1)
```

• 38~54번째 줄은 차선을 따라 주행하도록 하는 부분입니다. 46번에서 RedDetection 함수를 호출하여 주행 중에 횡단보도를 발견하면 mode_status를 MODE_STOP으로 변경하여 자동차를 멈추게 합

니다.

```
56          elif mode_status == MODE_STOP:
57
58              timeout = .1
59              cmd = 0
60              ret, tic = SerialCommandNResponse(ser, cmd, tic, timeout)
61
62              if ret == 0:
63
64                  print("Car:  Stopped")
65                  mode_status = MODE_INFERENCE
66
```

• MODE_STOP은 SerialCommandNResponse()를 이용하여 cmd=0 값을 보내 자동차를 멈추게 합니다. 자동차가 cmd=0 값을 받아 정상적으로 멈춘 후 자동차에서 컴퓨터에 0 값을 다시 보내 주어 명령이 잘 수행되었음을 알려 줍니다. 즉, 자동차가 횡단보도에 잘 멈추었다는 것을 인공지능이 알게 하는 것입니다. 인공지능은 횡단보도에 멈춰 있는 자동차가 신호를 보고 인식하도록 mode_status를 MODE_INFERENCE로 변경합니다.

```
67          elif mode_status == MODE_INFERENCE:
68
69              frame, cropped, largestRect = FindTrafficSign(grabbed, frame)
70
71              if cropped is not None:
72
73                  ret, detectedTrafficSign, score = \
74                  ReadTrafficSign(cropped, model)
75
```

• ReadTrafficSign() 함수를 호출하여 detectedTrafficSign 값 등을 리턴받습니다.

```
76                  if ret == 1:
77
78                      percent = score *100
79                      printTrafficSign = detectedTrafficSign \
80                      + ' ' + str('%.2f' % percent) + '%'
81                      cv2.putText(frame, printTrafficSign, tuple(largestRect[0]),
82                              cv2.FONT_HERSHEY_SIMPLEX, 0.65, (0, 255, 0), 2)
83
84                      if score > 0.95:
85
86                          print("AI:  ", \
87                              detectedTrafficSign, str(round(percent, 2)) + "%")
88                          time.sleep(1)
89                          tic = time.time()
90                          print ("Car:  Moving")
91
```

```
92              if 'Stop' in detectedTrafficSign:
93
94                      mode_status = MODE_END
95                      cmd = '999'
96
97              elif 'Forward' in detectedTrafficSign:
98
99                      mode_status = MODE_MANEUVER
100                     cmd = '90'
101                     turnTime = 1
102
103             elif 'Left' in detectedTrafficSign:
104
105                     mode_status = MODE_MANEUVER
106                     cmd = '20'
107                     turnTime = 2
108
109             elif 'Right' in detectedTrafficSign:
110
111                     mode_status = MODE_MANEUVER
112                     cmd = '160'
113                     turnTime = 2
114
115             elif 'Uturn' in detectedTrafficSign:
116
117                     mode_status = MODE_MANEUVER
118                     cmd = '20'
119                     turnTime = 4
120
```

• 92~120번째 줄은 리턴받은 detectedTrafficSign 값에 따라 명령(숫자) 값과 회전 시간을 변수 cmd, turnTime에 각각 저장하고 mode_status를 MODE_MANEUVER로 변환합니다.

```
121         elif mode_status == MODE_MANEUVER:
122
123             ret = Maneuver(ser, cmd, turnTime, tic)
124
125             if ret == 1:
126
127                 mode_status = MODE_LINE_TRACING
128                 tic = time.time()
129                 print("Car:  Line Tracing")
130
```

• 123번째 줄 Maneuver() 함수를 호출하여 turnTime 시간 동안 명령을 수행하고, 그 시간이 지나면 125~127번째 줄에서 다시 차선(검정색 라인)을 따라 주행합니다.

```
131         elif mode_status == MODE_END:
132
133             timeout = 2
134             ret, tic = SerialCommandNResponse(ser, cmd, tic, timeout)
135
136             if ret == 999:
137
138                 break
139
```

• MODE_END는 2초(timeout = 2) 직진 후 정지(cmd = 999)합니다.

```
140             cv2.imshow('Brain AI Car',frame)
141
142             if cv2.waitKey(1) & 0xFF == ord('q'):
143
144                 break
145
146         cmd = "0"
147         SerialSendCommand(ser, cmd)
148
149
150     print("Closing Serial")
151     ser.close()
152     print("Closing Video")
153     video_capture.release()
154     cv2.destroyAllWindows()
155     print('Shutting Down')
```

• 시리얼 통신을 종료하고 열려 있는 비디오 창을 모두 닫는 등 프로그램이 정상적으로 종료되도록 하는 부분입니다.

```
[n [11]:   1  if __name__ == '__main__':
           2      Main()
```

• 메인 함수를 호출하여 프로그램을 시작합니다.

## 2. 컴퓨터 USB 포트에 연결된 마이크로비트 소스코드 〈 AI_Car_Serial2Radio.hex 〉

on radio received 부분에서 자동차에 연결되어 있는 마이크로비트에서 무선 통신으로 보낸 신호를 받아 serial write number를 이용하여 파이썬 프로그램(인공지능)에 전달합니다.

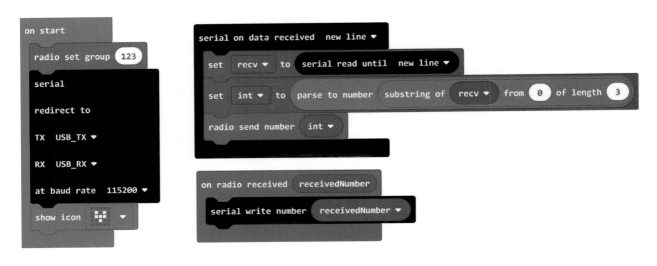

## 3. 자동차에 연결되어 있는 마이크로비트 소스코드 〈 AI_Car_Body.hex 〉

Stop 함수가 호출되면 방향은 정중앙(90)으로 맞추고 정지(0) 상태에서 숫자 0을 무선 통신으로 전송합니다. 위 컴퓨터 USB포트에 연결된 마이크로비트 소스코드에서 on radio received로 받는 부분에서 숫자 0을 받게 됩니다. 즉, 횡단보도에 정지해 있다는 신호를 보내어 인공지능으로 하여금 그다음 단계인 교통신호를 인식하도록 하려고 합니다.

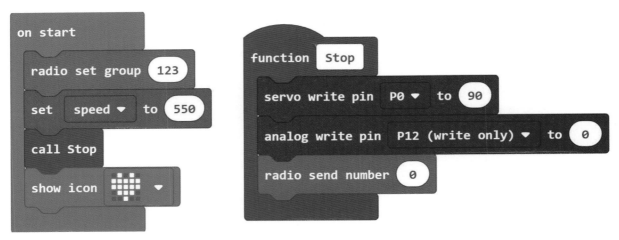

Forward 함수와 End 함수는 호출되었을 때 명령을 수행할 뿐 되돌려 보내는 radio send number 부분은 없습니다. 즉 인공지능에게 알려 줄 필요가 없는 상황입니다.

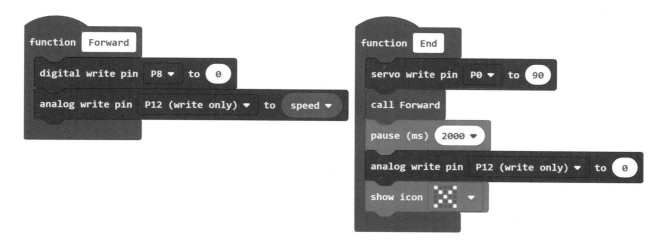

인공지능 자동차가 차선을 따라 주행하기 위해 검정색 라인을 찾았거나 횡단보도를 발견했을 때, 또는 교통신호를 인식했을 때 무선 통신으로 값을 전달받는 부분입니다. 20에서 160 사이의 값은 주행 방향을 결정하고 Forward 함수를 호출합니다. 0은 횡단보도에서 자동차가 멈추도록 Stop 함수를 호출합니다. 999는 멈춤 교통신호(stop 사인)가 인식되었을 때 자동차가 멈추도록 하는 End 함수를 호출하는 부분입니다.

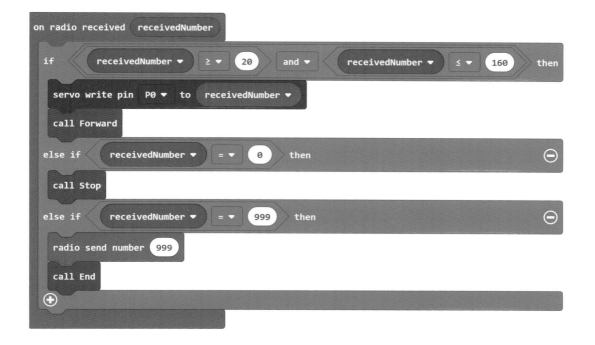

3개의 소스코드가 모두 준비되었습니다. 아래 그림을 참고하여 마이크로비트 소스코드를 해당하는 마이크로비트에 업로드합니다. 자동차를 Playfiled에 올려 두고 스마트 폰 IP Webcam 앱에서 비디오 서버를 시작합니다. 마지막으로 주피터 노트북 프로그램을 처음부터 모두 실행하여 인공지능 자동차가 차선을 따라 잘 주행하는지 신호를 잘 인식하는지에 대해 확인합니다.

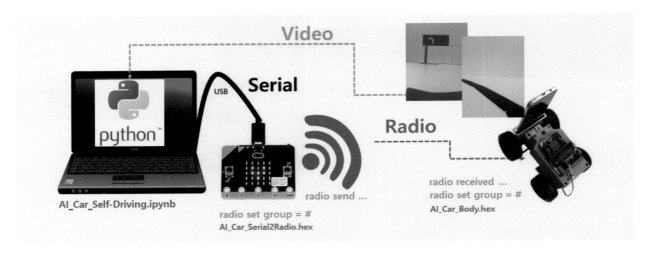

# 인공지능 기술을 활용한 소셜임팩트 창출

인공지능 자동차 프로젝트 개발에 성공하였습니다. 이러한 인공지능 자동차 만들기와 같은 프로젝트를 이용하여 사람들을 어떻게 도울 수 있을지, 우리의 삶을 더 즐겁고 행복하게 만들 수 있을지에 대해 친구들과 이야기를 나누어 보고 개발 계획을 아래에 세워 보세요.

☞ 인공지능 기술을 활용한 소셜임팩트 창출 개발 계획 아이디어 세부 내용[9)]

인공지능 기술을 이용하여 우리 사회의 어떤 문제를 해결할 수 있는지 자세히 적어 보세요.

1. Problem Scoping(문제 정의): 우리 팀이 찾은 사회문제는 무엇인가?

2. Data Acquisition(데이터 획득): 데이터는 어떤 방법으로 모을 것인가?

3. Data Exploration(데이터 탐색): 획득한 데이터는 문제 해결을 위해 적절한가?
잘못되거나 빠진 데이터는 없는가? 데이터를 통해 얻게 된 Insight는 무엇인가?

4. Modeling(모델링): 우리 팀이 이용하는 인공지능 모델은 무엇인가?

---

9) 인텔 AI4Youth 프로그램의 AI Project Cycle 내용을 인용함

5. Evaluation(평가): 우리 팀의 인공지능 모델은 오류 없이 잘 작동되는가?
우리 팀이 사용한 인공지능 모델이 최선의 모델인가?

6. Deployment(배치): 어떤 방법으로 실제 서비스할 것인가?
어떻게 현실에서 이용되게 만들 것인가?

■ 참고: 4Ws Problem Canvas를 활용한 문제 발견(예)

인텔 AI Project Cycle 중 1단계인 Problem Scoping에서 활용되고 있는 4Ws Problem Canvas를 이용하여 신호 인식 인공지능 자율 주행 자동차가 우리 사회에서 어떤 문제를 해결할 수 있을지에 대해 알아봅니다.

### 4Ws Problem Canvas

Who is having the problem? 누가 그 문제를 가지고 있나요?

1. Who are the stakeholders? (이해관계자는 누구입니까?)

주차에 시간을 많이 허비하는 운전자.

2. What do you know about them? (그들에 대해 무엇을 알고 있습니까?)

주차 공간을 찾고, 주차하는 데 많은 시간을 허비하고 있습니다.

What is the nature of the problem? 문제의 본질은 무엇인가요?

1. What is the problem? (무엇이 문제입니까?)

주차하는 데 시간을 낭비하고, 주차 후 타고 내리기 불편합니다.

2. How do you know it is a problem? (그것이 문제라는 것을 어떻게 알 수 있습니까?)

운전자들에게 자주 들었습니다. 그리고 인터넷에서 이를 해결하는 비디오를 보았습니다.

Where does the problem arise? 문제는 어디에서 발생하나요?

1. What is the context/situation in which the stakeholders experience the problem?

(이해관계자가 문제를 경험하는 상황은 무엇입니까?)

주차장이 협소하여 주차장 들어가는 것과 주차하는 게 어려울 때가 많습니다.

Why do you believe it is a problem worth solving?
해결해야 할 가치가 있는 문제라고 생각하는 이유는 무엇입니까?

1. What would be of key value to the stakeholders?

(이해관계자에게 중요한 가치는 무엇입니까?)

운전자들에게 주차로 인해 발생할 수 있는 사고와 시간 낭비를 줄여 주어, 즐겁고 안전한 운전이 되도록 하고 시간을 더 효율적으로 사용할 수 있도록 돕습니다.

2. How would it improve their situation? (그들의 상황이 어떻게 개선될까요?)

주차 공간이 더 많이 확보되어 주차에 대한 걱정이 줄어들 것이며, 주차를 하기 위한 시간을 더 가치 있게 사용할 수 있을 것입니다.

| Problem Statement Template | | |
|---|---|---|
| Our | 운전자 | Who |
| has/have a problem that | 주차의 어려움, 주차로 인한 시간 낭비 | What |
| when/ while | 좁은 공간에 주차할 때 | Where |
| An ideal solution would | 주차장 입구에서 차를 두면 자동으로 주차 | Why |

이번 프로젝트에서는 신호를 인식하는 인공지능 자율 주행 자동차를 개발해 보았습니다. 이를 통해 추후 주차장에서 빈 공간을 찾아 신호가 작동하도록 하여, 주차장 입구에 차를 두면 자동으로 주차를 해 주는 주차장 시스템 개발을 생각해 봅니다.


■ 참고: 4Ws Problem Canvas를 활용한 문제 발견 도전

인텔 AI Project Cycle 중 1단계인 Problem Scoping에서 활용되고 있는 4Ws Problem Canvas를 이용하여 인공지능 기술을 활용하여 우리 사회에서 어떤 문제를 해결할 수 있을지에 대해 알아봅니다.

| 4Ws Problem Canvas |
|---|

Who is having the problem? 누가 그 문제를 가지고 있나요?

1. Who are the stakeholders? (이해관계자는 누구입니까?)

2. What do you know about them? (그들에 대해 무엇을 알고 있습니까?)

What is the nature of the problem? 문제의 본질은 무엇인가요?

1. What is the problem? (무엇이 문제입니까?)

2. How do you know it is a problem? (그것이 문제라는 것을 어떻게 알 수 있습니까?)

Where does the problem arise? 문제는 어디에서 발생하나요?

1. What is the context/situation in which the stakeholders experience the problem?
   (이해관계자가 문제를 경험하는 상황은 무엇입니까?)

Why do you believe it is a problem worth solving?
해결해야 할 가치가 있는 문제라고 생각하는 이유는 무엇입니까?

1. What would be of key value to the stakeholders?
   (이해관계자에게 중요한 가치는 무엇입니까?)

2. How would it improve their situation? (그들의 상황이 어떻게 개선될까요?)

| Problem Statement Template | | |
|---|---|---|
| Our | | Who |
| has/have a problem that | | What |
| when/ while | | Where |
| An ideal solution would | | Why |

[ 프로젝트 설명 ]

이번 프로젝트에서는　　　프로젝트 이름　　　　　　개발해 봅니다.

이를 통해

Part 2 고등학생 인공지능 프로젝트 내용을 참고하여 여러분이 개발하게 될

인공지능 기술 활용 소셜임팩트 창출 프로젝트에 대해서 핵심 내용을 간단히 작성해 봅니다.